# Deutsch in der Schweiz  A1

### Ein Sprachkurs für Erwachsene

Herausgeber und Autor
Ernst Maurer

Klett und Balmer Verlag Zug

# Inhalt

## Willkommen
Einheit 1

| | |
|---|---|
| Im Deutschkurs | 5 |
| Informationen zur Person | 9 |
| Guten Tag und auf Wiedersehen | 10 |
| Meine Klasse ist international | 12 |
| Lernen lernen: Mit Karten sprechen | 14 |

## Die Schweiz
Einheit 2

| | |
|---|---|
| Schweiz – Suisse – Svizzera – Svizra | 15 |
| Zahlen, Zahlen, Zahlen | 18 |
| Das Alphabet | 21 |
| Lernen lernen: | |
| Mit dem Wörterbuch lernen | 24 |

## Leute in der Schweiz
Einheit 3

| | |
|---|---|
| Wir leben hier | 25 |
| Die Uhrzeit | 31 |
| Lernen lernen: | |
| Lernen im Kurs und unterwegs | 34 |

## Arbeit
Einheit 4

| | |
|---|---|
| Arbeit und Beruf | 35 |
| Personalien | 40 |
| Geld im Alltag | 42 |
| Lernen lernen: Texte verstehen | 44 |

## Freizeit
Einheit 5

| | |
|---|---|
| Aktivitäten | 45 |
| Unterhaltung | 49 |
| Eine Verabredung | 50 |
| Wochenende | 52 |
| Lernen lernen: Begrüssung und Verabschiedung am Telefon | 54 |

Inhalt

## Exkursionen
Einheit 6

| | |
|---|---|
| Ein Tag in Luzern | 55 |
| Unterwegs essen | 61 |
| Essen, trinken und bezahlen | 62 |
| Lernen lernen: | |
| «Der», «das», «die» im Wörterbuch | 64 |

## Wohnen
Einheit 7

| | |
|---|---|
| Die Wohnung | 65 |
| Eine Wohnung suchen | 70 |
| Nachbarn | 73 |
| Lernen lernen: | |
| Sprechen, sprechen, sprechen | 74 |

## Haushalt
Einheit 8

| | |
|---|---|
| Den Haushalt machen | 75 |
| Letzte Woche | 79 |
| Viel gemacht | 80 |
| Lernen lernen: Zu Hause Deutsch lernen | 84 |

## Gesundheit
Einheit 9

| | |
|---|---|
| Essen und Trinken | 85 |
| Frühstück, Mittagessen und Abendessen | 87 |
| Bewegung hält fit | 90 |
| Grippe-Wetter | 92 |
| Lernen lernen: Lernen mit Bewegung | 94 |

## Arzttermin
Einheit 10

| | |
|---|---|
| Was fehlt dir denn? | 95 |
| Der Arzttermin | 97 |
| Deutsch lernen: Das Beste | 104 |

| | |
|---|---|
| Lösungen | 105 |
| Quellen | 117 |

Impressum

## Deutsch in der Schweiz A1
## Arbeitsbuch

**Herausgeber und Autor**
Ernst Maurer, Zürich

**Projektleitung**
Marcel Holliger

**Redaktion**
Guido Mazzuri

**Redaktionsassistenz**
Silvia Isenschmid

**Grafische Gestaltung**
Julie Ting und Andreas Rufer, jaDESIGN, Bern

**Umschlag**
Christa und Heinz Waldvogel, Zürich

**Umschlagfoto**
Ursula Markus, Zürich

**Illustrationen**
Ursula Koller, Rütihof

**Korrektorat**
Stefan Zach, z.a.ch GmbH, Bremgarten bei Bern

**1. Auflage 2011**
4., unveränderter Nachdruck 2016
Alle Drucke dieser Auflage können im Unterricht nebeneinander verwendet werden.
© Klett und Balmer AG, Zug 2011

Alle Rechte vorbehalten.
Nachdruck, Vervielfältigung jeder Art oder Verbreitung – auch auszugsweise –
nur mit schriftlicher Genehmigung des Verlags.

**ISBN 978-3-264-83863-3**

Kursbuch A1, mit drei Audio-CDs:   ISBN 978-3-264-83862-6
Wortschatz/Grammatik A1:   ISBN 978-3-264-83864-0
Begleitband A1/A2:   ISBN 978-3-264-83869-5

www.klett-online.ch; www.klett.ch
info@klett.ch

# Im Deutschkurs [ Kursbuch S. 10 ]

## 1 Wie heissen Sie? Woher kommen Sie?

Schreiben Sie.

**Wie ist Ihr Name?**

Mein Name ist ................................................................. .

**Woher kommen Sie?**

Ich komme aus ................................................................. .

[ Foto einkleben ]

## 2 Dialoge bauen [ Arbeitsblatt 8 ]

Ordnen Sie zu zweit.

Dialog 1
- ● Wie heissen Sie?
- ▶ Ich komme aus Deutschland.
- ● Woher kommen Sie, Frau Meier?
- ▶ Ich heisse Helen Meier.

Dialog 2
- ● Wie ist Ihr Name, bitte?
- ▶ Ich komme aus Bolivien.
- ▶ Mein Name ist Juan González.
- ● Entschuldigung, wie heissen Sie?
- ● Woher kommen Sie, Herr González?
- ▶ Ich heisse Juan González.

## 3 Ländernamen

Übersetzen Sie in Ihre Muttersprache.

| Deutsch | Meine Muttersprache |
|---|---|
| *Schweiz* | |
| *Deutschland* | |
| *Italien* | |
| *Frankreich* | |
| *Portugal* | |
| *Kanada* | |
| | |
| | |

# Einheit 1

## 4 Ja oder nein?

Fragen Sie und antworten Sie in Gruppen.

Kommen Sie aus Spanien?
Nein, ich komme aus …
Kommen Sie aus …?
Ja, ich komme aus …

> **Woher?**
> **Aus** Deutschland
> **Aus** Italien
> **Aus** Frankreich
> …
>
> **Aus der** Schweiz
> …

## 5 Zwei Dialoge schreiben [ Arbeitsblatt 9 ]

Was passt wo? Ergänzen Sie.

Woher kommst du? | ~~Wie heisst du?~~ | Er kommt aus Kanada. | Kommst du aus Portugal? |
Und du? | aus der Schweiz, aus Genf. | Ich bin Nadine. | aus Frankreich.

**Dialog 1**

● *Wie heisst du?*

▶ Ich heisse Anna.

● Paul, Paul Ador.

▶ Aus Italien. Und du? Woher kommst du?

● Ich komme

**Dialog 2**

● Hallo, Nadine.

▶ Hallo, Juan.

● Das ist mein Kollege Steven.

▶ Freut mich.

◇ Hallo, Nadine.

▶ Nein,

## 6 Per Sie oder per du?

Sind die Personen per Sie oder per du? Was meinen Sie? Kreuzen Sie an und vergleichen Sie im Kurs.

Guten Tag, mein Name ist Maria Bernasconi.

Freut mich, ich heisse Helen Meier.

Die Personen sind …
☐ per Sie
☐ per du

## 7 Neu im Kurs

Lesen Sie den Dialog zu zweit.

- Guten Tag, mein Name ist Maria Bernasconi.
- ▶ Freut mich, ich heisse Helen Meier.
- Ich bin neu hier. Ist das der Deutschkurs A1?
- ▶ Ja, hier ist der Kurs A1. Ich bin die Kursleiterin.
- Freut mich.
- ▶ Frau Bernasconi, kommen Sie aus Italien?
- Nein, aus der Schweiz, aus Lugano. Und Sie, woher kommen Sie, Frau Meier?
- ▶ Ich komme aus Deutschland.

> Guten Tag, mein Name …
>
> Freut mich, ich …

## 8 Fragen: per Sie und per du

Was passt wo? Ergänzen Sie die Liste.

~~Wie heissen Sie?~~ | Wie heisst du? | Wie ist Ihr Name? | Woher kommst du? | Wie ist dein Name? | Woher kommen Sie?

| Fragen per Sie | Fragen per du |
|---|---|
| Name? *Wie heissen Sie?* | Name? |
| | |
| Land? | Land? |

## 9 Wer ist das? [ Arbeitsblatt 10 ]

Fragen Sie und antworten Sie in Gruppen.

> Er heisst Juan. Woher kommt er?
>
> Er kommt aus …
>
> Sie kommt aus … Wie heisst sie?
>
> Sie heisst …

## 10 Verben suchen: «kommen», «heissen», «sein»

Arbeiten Sie zu zweit. Finden Sie die Verben in den Übungen 1 bis 9.

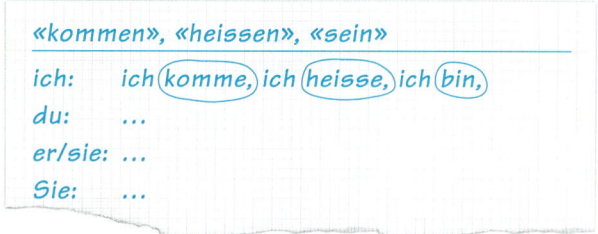

«kommen», «heissen», «sein»
ich: ich komme, ich heisse, ich bin,
du: ...
er/sie: ...
Sie: ...

## 11 Verben konjugieren

Ergänzen Sie die Tabelle. Übung 10 hilft.

| ich ........... | ich ........... | ich ........... |
|---|---|---|
| du ........... | du ........... | du *bist* |
| er/sie ........... | er/sie ........... | er/sie ........... |
| Sie ........... | Sie ........... | Sie *sind* |

## 12 Meine Familie

Lesen Sie und machen Sie ein Familienposter.

**Mein** Mann
**Mein** Sohn
**Mein** Bruder
**Mein** Vater

**Meine** Frau
**Meine** Tochter
**Meine** Schwester
**Meine** Mutter

# Informationen zur Person [ Kursbuch S. 13 ]

## 13 Vornamen in der Schweiz [ Arbeitsblatt 11 ]

Lesen Sie und schreiben Sie eine Liste für Ihr Land. Vergleichen Sie im Kurs.

| Vornamen in der Deutschschweiz | |
|---|---|
| **Mädchen** | **Knaben** |
| 1 Anna | Luca |
| 2 Sara | Noah |
| 3 Lena | Leon |
| 4 Lara | David |
| 5 Laura | Joël |
| 6 Leonie | Jan |
| 7 Julia | Simon |
| 8 Lea | Tim |
| 9 Nina | Nico |
| 10 Alina | Jonas |

## 14 Familiennamen in der Deutschschweiz

Lesen Sie. Welche Familiennamen kennen Sie? Kreuzen Sie an und vergleichen Sie mit Kolleginnen und Kollegen im Kurs.

- ☐ Brunner
- ☐ Fischer
- ☐ Keller
- ☐ Meier
- ☐ Meyer
- ☐ Müller
- ☐ Roth
- ☐ Schmid
- ☐ Schneider
- ☐ Zimmermann

Diese Namen kenne ich.

## 15 Vornamen und Familiennamen international [ Arbeitsblatt 12 ]

Schreiben Sie eine Liste. Arbeiten Sie in Gruppen.

# Einheit 1

## Guten Tag und auf Wiedersehen [ Kursbuch S. 14 ]

### 16 Begrüssungen

Was passt wo? Notieren Sie.

**Begrüssung Nr. 1**
Guten Abend, meine Damen und Herren.

**Begrüssung Nr. 2**
- Guten Morgen, Herr Huber.
▶ Guten Morgen, Frau García.

**Begrüssung Nr. 3**
- Guten Tag.
▶ Guten Tag.

= Begrüssung Nr. ........

= Begrüssung Nr. ........

= Begrüssung Nr. ........

6 bis 11 Uhr ≈ Guten Morgen.
9 bis 18 Uhr ≈ Guten Tag.
18 bis 23 Uhr ≈ Guten Abend.

### 17 Wochentage

Notieren Sie die Wochentage auf Deutsch und in Ihrer Muttersprache.

| Deutsch | Meine Muttersprache |
|---|---|
| Mo | |
| Di | |
| Mi | |
| Do *Donnerstag* | |
| Fr | |
| Sa | |
| So | |

### 18 Wie geht es Ihnen?

Schreiben Sie eine Liste.

Danke, gut. | Danke, es geht. | Sehr gut, danke. | ~~Nicht so gut.~~ | Ganz gut, danke. | Super.

*Nicht so gut.*

# 19 Formell oder informell?

Per Sie oder per du? Kreuzen Sie an.

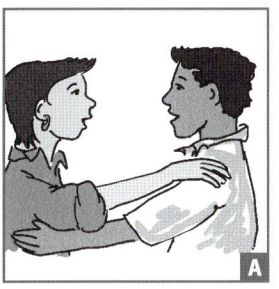  

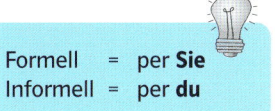
Formell = per **Sie**
Informell = per **du**

☐ per Sie ☐ per Sie ☐ per Sie
☐ per du ☐ per du ☐ per du

# 20 Sie oder du?

Kreuzen Sie an und vergleichen Sie im Kurs.

|   | Sie | du |
|---|---|---|
| 1 | ☐ | ☐ |
| 2 | ☐ | ☐ |
| 3 | ☐ | ☐ |
| 4 | ☐ | ☐ |
| 5 | ☐ | ☐ |
| 6 | ☐ | ☐ |
| 7 | ☐ | ☐ |
| 8 | ☐ | ☐ |
| 9 | ☐ | ☐ |

Einheit 1 «Willkommen» 11

# Einheit 1

# Meine Klasse ist international [ Kursbuch S. 15 ]

## 21 Sprachen

Wie heissen die Sprachen auf Deutsch? Ergänzen Sie.

Ital_____isch       Portu_____isch       Gr_____isch       E_____isch

Ar_____isch         Sp_____isch          Tü_____isch       Fran_____isch

Chi_____isch        D_____tsch

## 22 Wir sind eine internationale Klasse [ Arbeitsblatt 13 ]

Muttersprachen: Schreiben Sie eine Liste im Kurs.

*Unsere Klasse ist international*
*Unsere Muttersprachen sind*
*…*
*…*

Was ist Ihre Muttersprache?

Meine Muttersprache ist …

## 23 Sprachen in der Familie

Sprechen Sie in der Familie eine Sprache, zwei Sprachen oder mehr Sprachen?
Notieren Sie und vergleichen Sie in Gruppen.

*In meiner Familie sprechen wir*
*…*
*…*

Wir sprechen in der Familie …
Und Sie? Was sprechen Sie in der Familie?

Ich spreche …

## 24 Sprachen am Arbeitsplatz

Welche Sprachen hören Sie am Arbeitsplatz? Notieren Sie und vergleichen Sie in Gruppen.

*Am Arbeitsplatz höre ich*
*…*
*…*
*…*

Ich höre am Arbeitsplatz …
Und Sie? Welche Sprachen hören Sie am Arbeitsplatz?

Ich höre …

## 25 Ländernamen [ Arbeitsblatt 14 ]

Notieren Sie die Länder auf Deutsch.

schweizdeutschlandfrankreichitalienspanienportugalengland

........................... ........................... ........................... ...........................

................................................... *England* ...................................................

## 26 Zahlen von 0 bis 20 [ Arbeitsblatt 15 ]

Ergänzen Sie.

| | | | | | | | | | |
|---|---|---|---|---|---|---|---|---|---|
| **0** | nu | **5** | fü | **10** | ze | **15** | fü | **20** | zw |
| **1** | ein | **6** | se       s | **11** | el | **16** | sech | | |
| **2** | z | **7** | si | **12** | zw | **17** | sieb | | |
| **3** | dr | **8** | a | **13** | drei | **18** | acht | | |
| **4** | v | **9** | ne | **14** | vi | **19** | ne | | |

## 27 Zahlen üben

Üben Sie die Zahlen von 0 bis 20.

**Varianten**
→ 0 – 2 – 4 – …
→ 1 – 3 – 5 – …
→ 20 – 19 – 18 – …
→ 20 – 18 – 16 – …
→ …

## 28 Reflexion: Leicht oder schwierig? [ Arbeitsblatt 16 ]

Welche Zahlen sind leicht auf Deutsch? Welche Zahlen sind schwierig?
Notieren Sie und vergleichen Sie in Gruppen.

| *Zahlen sprechen* | | | *Zahlen schreiben* | |
|---|---|---|---|---|
| *leicht* | *schwierig* | | *leicht* | *schwierig* |
| … | … | | … | … |
| … | … | | … | … |
| … | … | | … | … |

Einheit 1

# Mit Karten sprechen

## L1 Karten: Fragen und Antworten  [ Arbeitsblatt 17 ]
Was passt wo? Notieren Sie.

Wie heisst du? | Wie ist dein Name? | ~~Entschuldigung, wie ist dein Name?~~ | Ich heisse … | Mein Name ist …

**Name**
(per du)

Frage
..................................................
..................................................
*Entschuldigung, wie ist dein Name?*

Antwort
..................................................
..................................................

## L2 Mit Karten Dialoge trainieren
Sprechen Sie zu zweit. Karten helfen.

## L3 Wie finden Sie das?
Kreuzen Sie an und vergleichen Sie in Gruppen.

Mit Karten sprechen lernen, das finde ich …

☐ eine super Idee

☐ gut

☐ nicht so gut

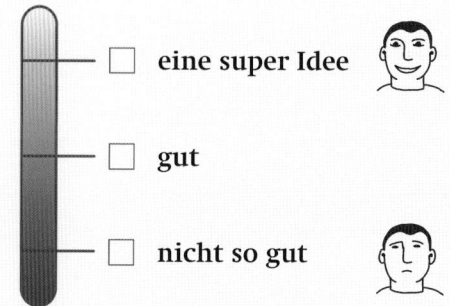

# Schweiz – Suisse – Svizzera – Svizra [ Kursbuch S. 20 ]

## 1 Länder und Hauptstädte international

Was passt wo? Ergänzen Sie die Sätze.

Deutschland | Frankreich | Hauptstadt | Italien | ~~Lissabon~~ | Wien | Bern

1 Die Hauptstadt von Österreich ist _____.
2 Paris ist die Hauptstadt von _____.
3 Die Hauptstadt von _____ ist Rom.
4 Die Hauptstadt von Portugal ist *Lissabon*.
5 Berlin ist die Hauptstadt von _____.
6 Die _____ von Liechtenstein ist Vaduz.
7 Die Hauptstadt der Schweiz ist _____.

## 2 Baseldeutsch in Basel. Und in Bern?

Was passt wo? Ergänzen Sie die Sätze.

Zürichdeutsch | Rätoromanisch | ~~Basel~~ | Genf | Berndeutsch | Zermatt | Italienisch | Chur | St. Gallen

1 In *Basel* sprechen die Leute Baseldeutsch.
2 In Bern spricht man _____.
3 _____ liegt im Kanton Wallis. Die Leute sprechen Walliserdeutsch.
4 In _____ spricht man Französisch.
5 _____ liegt im Kanton Graubünden, und man spricht Bündnerdeutsch.
6 In Lugano spricht man _____.
7 In St. Moritz sprechen viele Leute _____.
8 In Zürich spricht man _____.
9 In _____ sprechen die Leute Sanktgallerdeutsch.

## 3 Die Schweiz ist vielsprachig

Ergänzen Sie die Sätze und vergleichen Sie mit Kolleginnen und Kollegen im Kurs.

**Hören**
Ich höre viele Sprachen in der Schweiz:

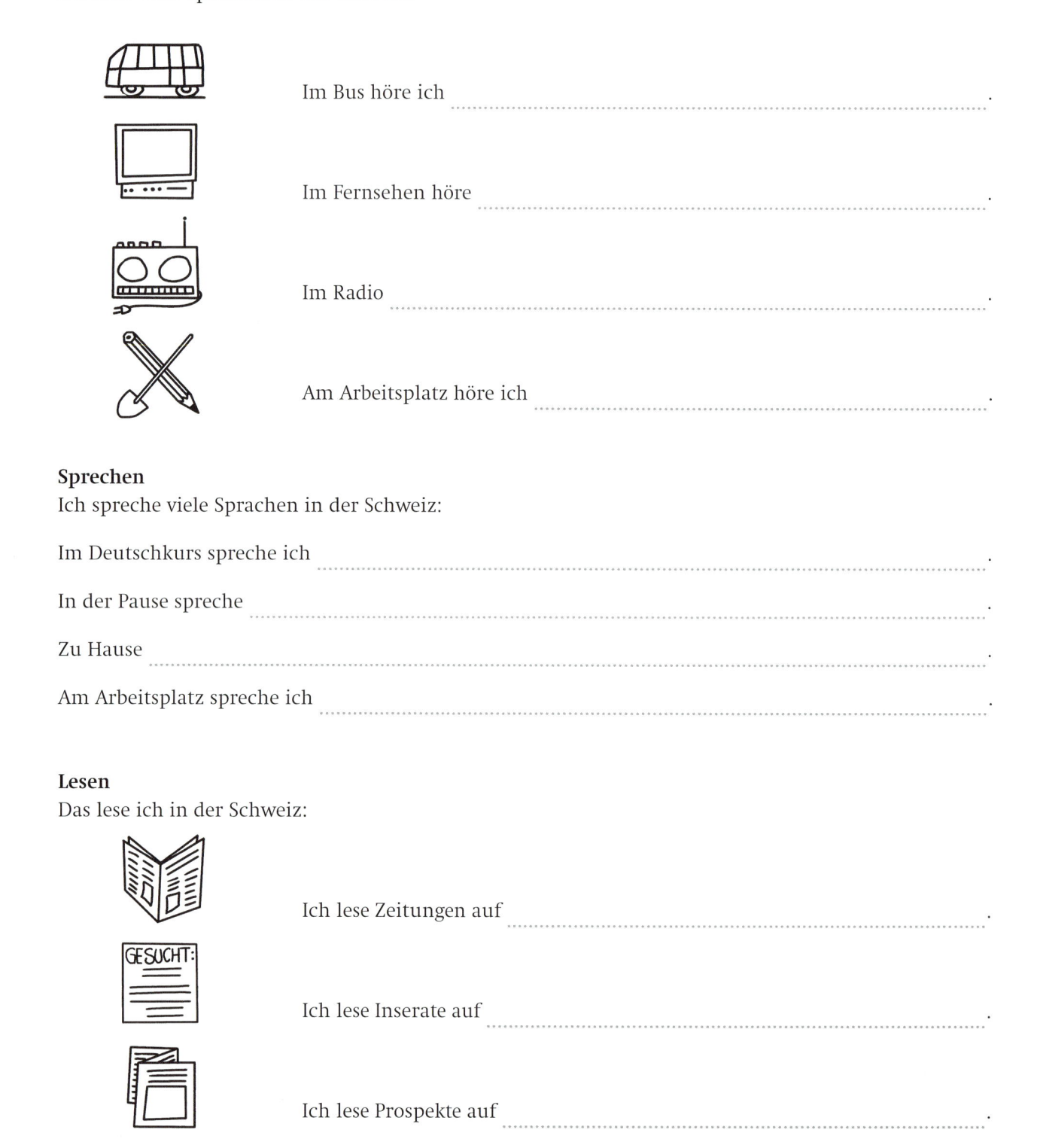

Im Bus höre ich _____.

Im Fernsehen höre _____.

Im Radio _____.

Am Arbeitsplatz höre ich _____.

**Sprechen**
Ich spreche viele Sprachen in der Schweiz:

Im Deutschkurs spreche ich _____.

In der Pause spreche _____.

Zu Hause _____.

Am Arbeitsplatz spreche ich _____.

**Lesen**
Das lese ich in der Schweiz:

Ich lese Zeitungen auf _____.

Ich lese Inserate auf _____.

Ich lese Prospekte auf _____.

Ich lese Bücher auf _____.

## 4 Projekt: Mein Land

Sammeln Sie Informationen und machen Sie eine Collage.

**So machen Sie eine Collage:**
→ Sie zeichnen Ihr Land auf ein grosses Blatt Papier.
→ Sie schneiden Bilder aus Illustrierten und Prospekten.
→ Sie kleben die Bilder auf das Papier.
→ Sie kleben Fotos und Postkarten auf das Papier.
→ Sie malen.
→ Sie schreiben.

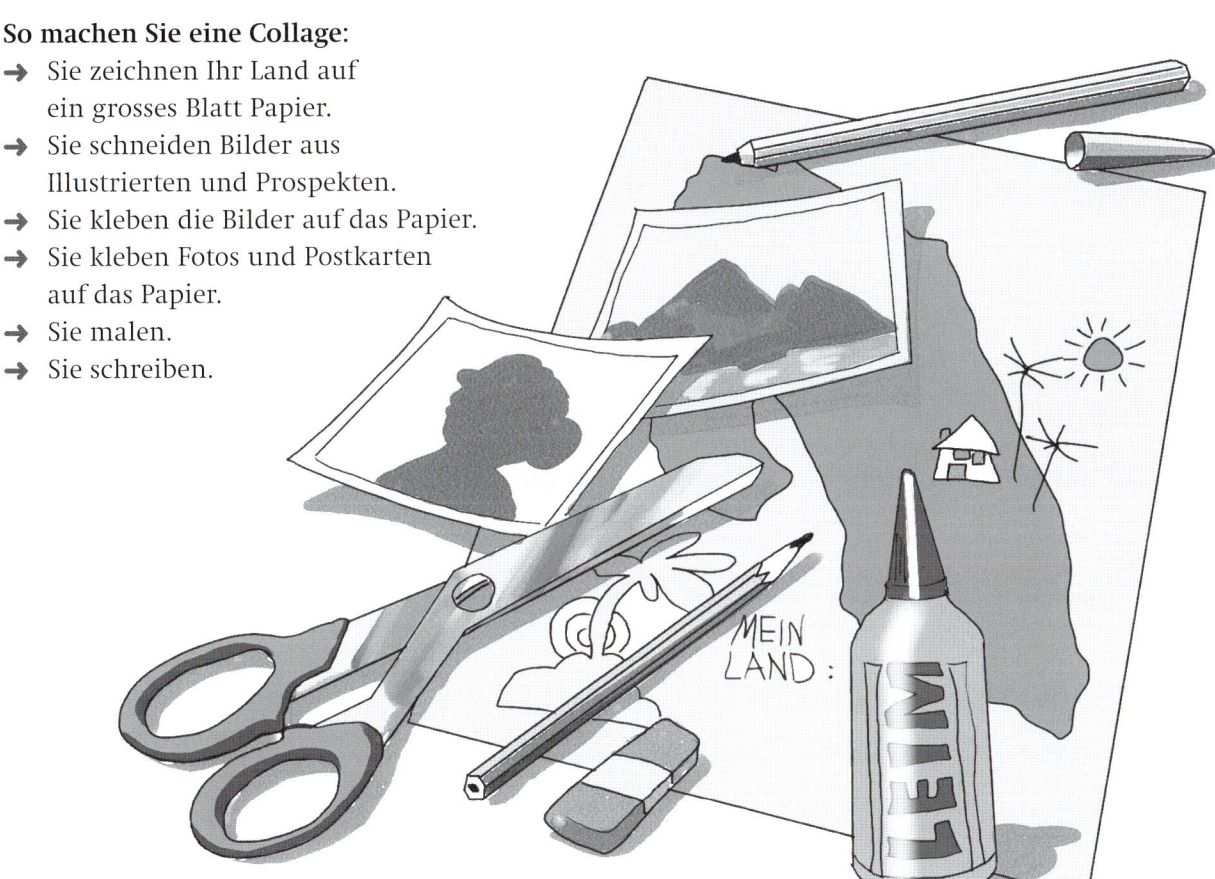

## 5 Mein Land: Nachbarländer und Städte

Schreiben Sie und lesen Sie die Texte im Kurs.

**Mein Land**

Mein Land liegt in _____.

Es hat _____ Nachbarländer.

Im Norden liegt _____.

Im Osten _____.

Im Süden _____.

Im Westen _____.

Die Hauptstadt ist _____.

Andere Städte sind _____.

# Zahlen, Zahlen, Zahlen [ Kursbuch S. 23 ]

## 6 Zahlen auf Deutsch: Kein Problem! [ Arbeitsblatt 3 ]

Notieren Sie und vergleichen Sie mit Kolleginnen und Kollegen im Kurs.

| | | | |
|---|---|---|---|
| einundzwanzig → *21* | dreiundzwanzig → ........ | fünfundzwanzig → ........ | achtundzwanzig → ........ |
| einunddreissig → ........ | vierunddreissig → ........ | einundneunzig → ........ | neununddreissig → ........ |
| zweiundfünfzig → ........ | fünfundfünfzig → ........ | sechsundfünfzig → ........ | dreiundneunzig → ........ |

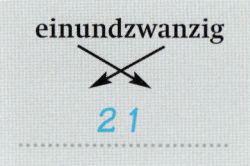

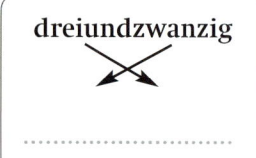

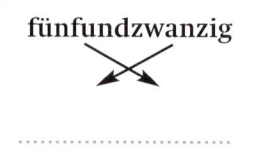

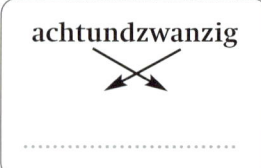

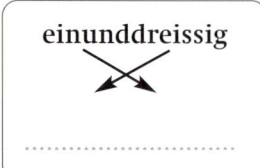

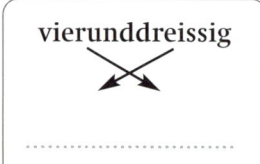

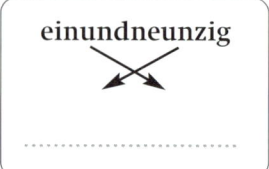

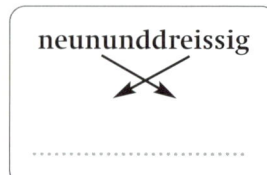

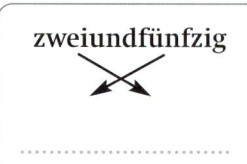

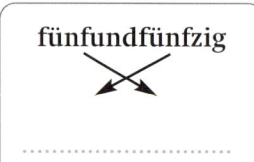

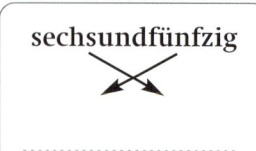

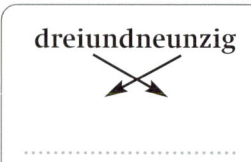

## 7 Zahlen von 20 bis 100

Notieren Sie und vergleichen Sie mit Kolleginnen und Kollegen im Kurs.

| | | | |
|---|---|---|---|
| 20 | *zwanzig* | 66 | ........ |
| 26 | ........ | ........ | siebzig |
| ........ | fünfunddreissig | 75 | ........ |
| 36 | ........ | 80 | ........ |
| ........ | siebenundvierzig | 82 | ........ |
| ........ | fünfzig | 90 | ........ |
| 53 | ........ | ........ | dreiundneunzig |
| ........ | sechzig | ........ | einhundert |

## 8 Ping-Pong

Üben Sie die Zahlen zu zweit.

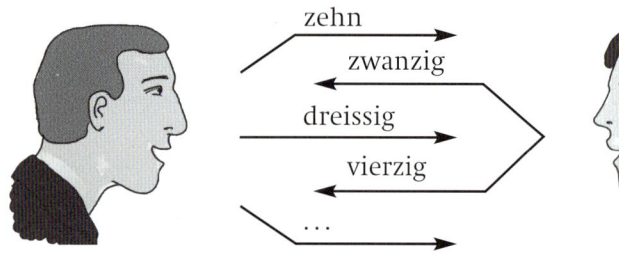

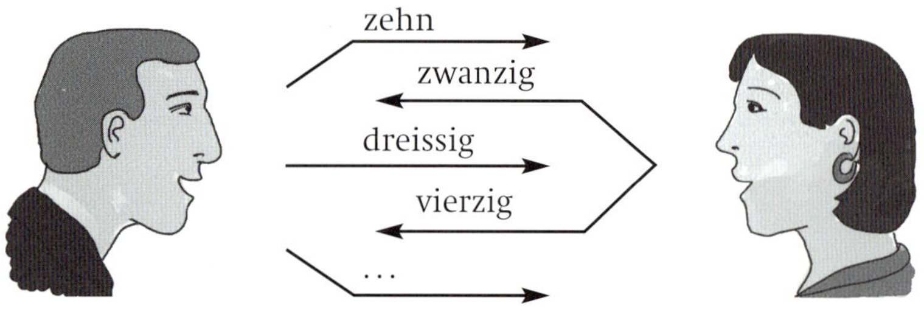

**Varianten**

→ 5 – 10 – 15 – ...
→ 5 – 15 – 25 – ...
→ 11 – 22 – 33 – ...
→ 100 – 90 – 80 – ...
→ ...

## 9 Partnerdiktat: Zahlen von 10 bis 100 [ Arbeitsblatt 4 bis 6 ]

Arbeiten Sie zu zweit. Diktieren Sie und schreiben Sie.

## 10 Telefonnummern

Lesen Sie die Telefonnummern.

null vierundvierzig …

| | |
|---|---|
| 044 881 23 56 | 077 512 89 93 |
| 081 525 90 60 | 079 999 61 48 |
| 031 234 44 07 | 078 366 75 75 |
| 071 759 11 64 | 079 155 43 88 |

## 11 Wie ist Ihre Telefonnummer?

Fragen Sie Ihre Kolleginnen und Kollegen im Kurs und schreiben Sie eine Telefonliste.

Wie ist Ihre Telefonnummer?

Meine Telefonnummer ist …

Wie ist Ihre Handy-Nummer?

Meine Handy-Nummer ist …

| Name | Telefon | Handy |
|---|---|---|
| … | … | … |
| … | … | … |
| … | … | … |

Einheit 2 «Die Schweiz»

## 12 Hundert bis eine Milliarde

Ergänzen Sie und lesen Sie die Zahlen zu zweit. Diskutieren Sie: Was ist leicht? Was ist schwierig?

| | |
|---|---|
| 200 | *zweihundert* |
| 270 | |
| 800 | |
| 914 | |
| | viertausend |
| 4 500 | |
| 4 520 | |
| 7 365 | |
| 7 000 000 | |
| 17 539 000 | |

## 13 Distanzen international

Notieren Sie die Distanzen.

703 | ~~754~~ | 1 836 | 6 261 | 9 119 | 11 187

1  Von New York (USA) nach Bern sind es ............ Kilometer.

2  Von Rom (Italien) nach Bern sind es ............ Kilometer.

3  Von Istanbul (Türkei) nach Bern sind es ............ Kilometer.

4  Von Berlin (Deutschland) nach Bern sind es  *754*  Kilometer.

5  Von Buenos Aires (Argentinien) nach Bern sind es ............ Kilometer.

6  Von Bangkok (Thailand) nach Bern sind es ............ Kilometer.

# Das Alphabet [ Kursbuch S. 25 ]

## 14 Das Alphabet auf Deutsch: 26 Buchstaben
Welche Buchstaben fehlen? Ergänzen Sie.

A   B   C   ___   E   F   G   ___   ___   J   ___   ___   M

___   O   ___   Q   ___   ___   ___   U   V   ___   X   ___   Z

## 15 Das Alphabet in anderen Sprachen
Wie ist das Alphabet in Ihrer Muttersprache? Notieren Sie und vergleichen Sie mit Kolleginnen und Kollegen im Kurs.

.............................................................................................................................................

.............................................................................................................................................

Das Alphabet auf ................................................ hat ........................... Buchstaben.

## 16 Partnerdiktat: Buchstaben [ Arbeitsblatt 7 und 8 ]
Arbeiten Sie zu zweit. Diktieren Sie und schreiben Sie die Buchstaben.

## 17 Buchstabieren Sie, bitte [ Arbeitsblatt 9 ]
Ordnen Sie den Dialog.

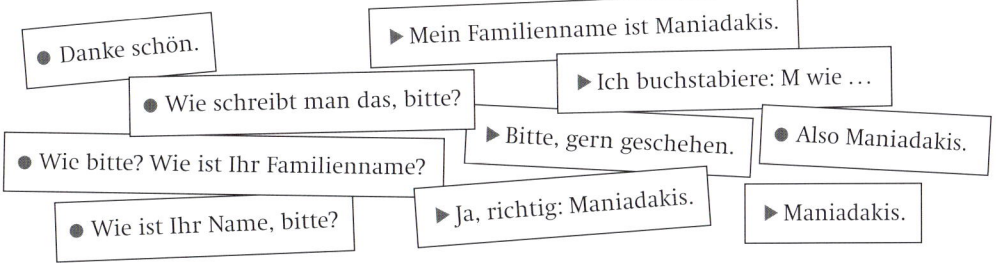

- ● Danke schön.
- ▶ Mein Familienname ist Maniadakis.
- ● Wie schreibt man das, bitte?
- ▶ Ich buchstabiere: M wie …
- ▶ Bitte, gern geschehen.
- ● Also Maniadakis.
- ● Wie bitte? Wie ist Ihr Familienname?
- ▶ Ja, richtig: Maniadakis.
- ● Wie ist Ihr Name, bitte?
- ▶ Maniadakis.

# Einheit 2

## 18 Gross oder klein?

Ergänzen Sie die Buchstaben.

▶ ___ie ___st ___hr ___ame, ___itte?

● ___aniadakis.

▶ ___ie ___itte? ___ie ___st ___hr ___amilienname?

● ___ein ___amilienname ___st ___aniadakis.

▶ ___ie ___chreibt ___an ___as, ___itte?

● ___ch ___uchstabiere: ___ie ___aria, ___ie ___nna, ___ie ___iklaus, ___ie ___da, ___ie ___nna, ___ie ___aniel, ___ie ___nna, ___ie ___onrad, ___ie ___da ___nd ___ie ___ara.

▶ ___lso ___aniadakis.

● ___a, ___ichtig: ___aniadakis.

▶ ___anke ___chön.

● ___itte, ___ern ___eschehen.

**Gross schreibt man:**
– Wörter am Satzanfang
– Nomen und Namen
– «Sie», «Ihr», «Ihnen» (formell)

## 19 Sätze

Schreiben Sie.

a Werbeginnt?
b Arbeitensieingruppen!
c Deutschlernenistleicht.
d Ichbuchstabieremeinennamen.
e Ichergänzeeinetabelle.
f Ichschreibeeinensatz.
g Ichhöreeinliedaufschweizerdeutsch.
h Ichmacheeinecollage.
i Ichbinfertig.
k Stimmtdas?

a Wer beginnt?
b ...

## 20 Nomen – Verb – Adjektiv

Was passt wo? Schreiben Sie.

~~die Distanz~~ | ~~fahren~~ | ~~gross~~ | hören | der Kanton | klein | das Land | laut | leben | leicht | liegen | schnell | die Sprache | die Stadt | üben | wohnen | die Zahl

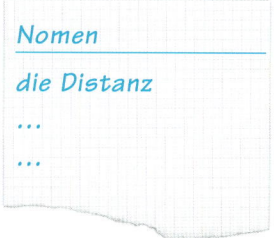

Nomen
die Distanz
...
...

Verb
fahren
...
...

Adjektiv
gross
...
...

## 21 Der Weg ins Wörterbuch [ Arbeitsblatt 10 ]

Ordnen Sie die Buchstaben alphabetisch.

A | B | C | ...

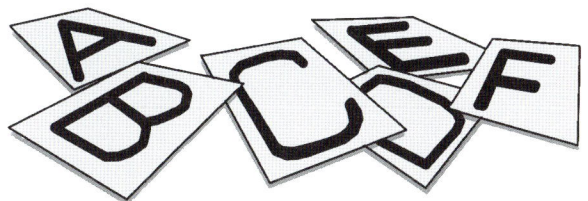

## 22 Wörter alphabetisch ordnen

Ordnen Sie die Wörter nach dem Alphabet auf Deutsch.

**Varianten**

→ die Vornamen in Ihrer Klasse
→ die Familiennamen in Ihrer Klasse
→ die Wochentage
→ die Himmelsrichtungen
→ die Zahlen von «eins» bis «zehn»

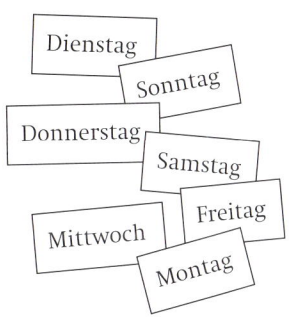

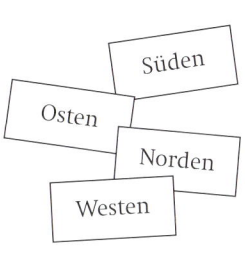

## 23 Wo passt das Wort im Alphabet?

Suchen Sie die Wortposition im deutschen Alphabet.

Land

- Kurs
- ● ← Land
- Muttersprache
- ●
- Portugiesisch
- ●

Frage

- Antwort
- ●
- Bild
- ●
- Deutsch
- ●

Kollegin

- Kanada
- ●
- Klasse
- ●
- kommen
- ●

lernen

- kommen
- ●
- lesen
- ●
- Leute
- ●

schreiben

- Postkarte
- ●
- Satz
- ●
- sprechen
- ●
- Vorname
- ●
- Zahl
- ●

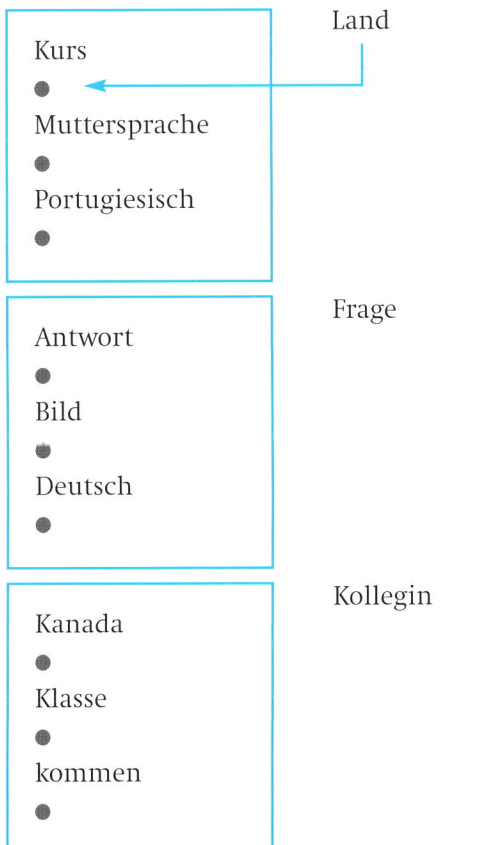

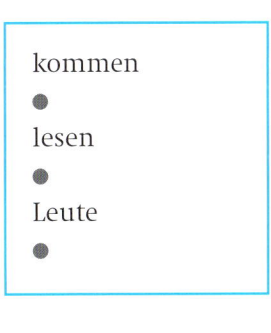

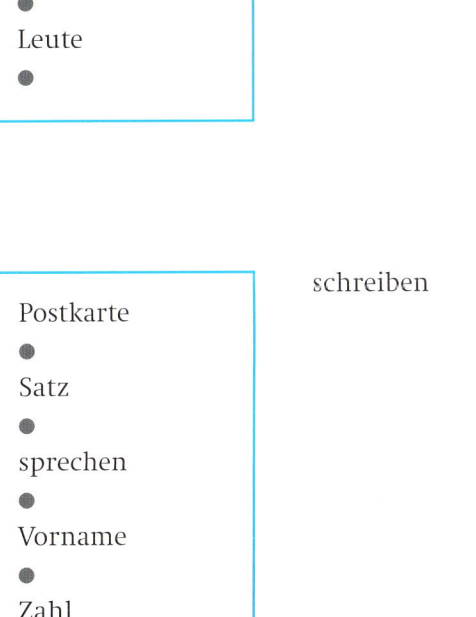

# Mit dem Wörterbuch lernen

## L1 Wörterbücher: Gross und klein

Was passt wo? Notieren Sie.

gross | klein | ~~mittelgross~~ | sehr gross | sehr klein

1 .................... 2 .................... 3 *mittelgross* 4 .................... 5 ....................

## L2 Mein Wörterbuch

Ergänzen Sie und kreuzen Sie an. Vergleichen Sie mit Kolleginnen und Kollegen im Kurs.

gross | klein | mittelgross | sehr gross | sehr klein

Mein Wörterbuch ist ............................ . Die Sprachen in meinem

Wörterbuch sind Deutsch und ............................ .

Mein Wörterbuch hat ............................ Seiten.

In meinem Wörterbuch sind ............................ Wörter.

Ich benutze das Wörterbuch …
- ☐ im Deutschkurs
- ☐ zu Hause
- ☐ ............................

Ich finde die Wörter im Wörterbuch …
- ☐ sehr schnell
- ☐ schnell
- ☐ langsam, aber sicher

## L3 Wie finden Sie das?

Kreuzen Sie an und vergleichen Sie in Gruppen.

**Mit einem Wörterbuch lernen, das finde ich …**
- ☐ eine super Idee
- ☐ gut
- ☐ nicht so gut

# Wir leben hier [Kursbuch S. 30]

## 1 Wer ist das?

Lesen Sie und wiederholen Sie mit Ihren Kolleginnen und Kollegen im Kurs.

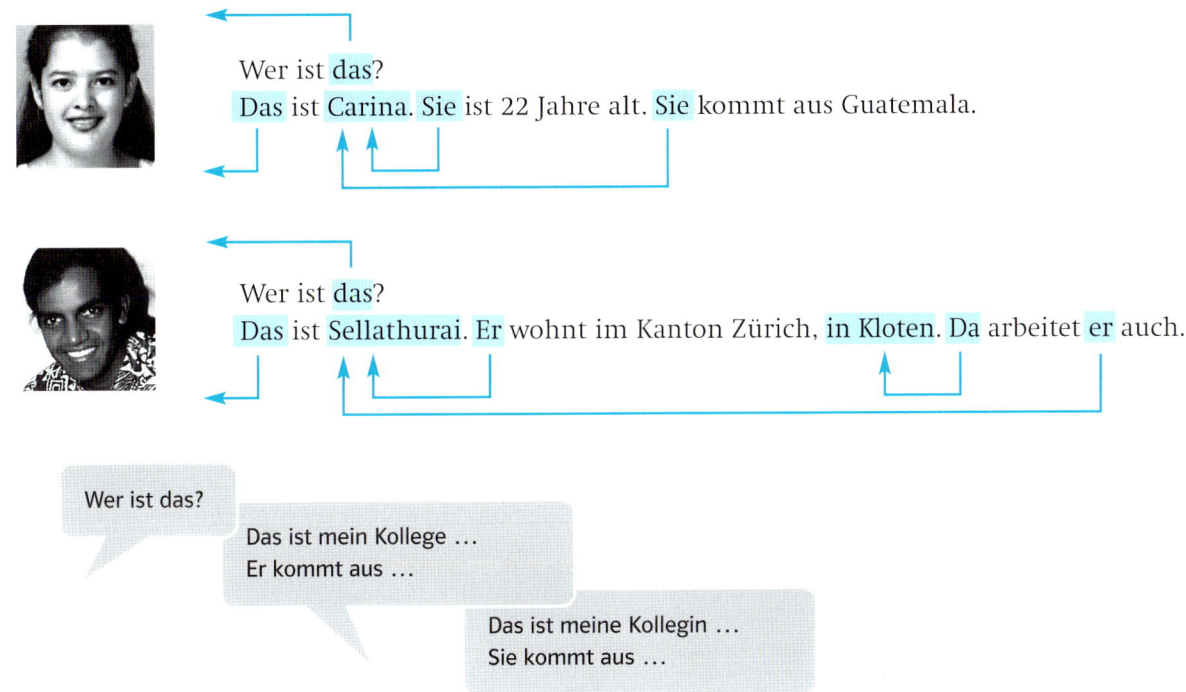

Wer ist das?
Das ist mein Kollege …
Er kommt aus …

Das ist meine Kollegin …
Sie kommt aus …

## 2 Er oder sie?

Er oder sie? Was ist richtig? Ergänzen Sie.

**Bekannte Personen**

1 Astrid Koch kommt aus Einsiedeln im Kanton Schwyz. _Sie_ wohnt jetzt in Genf. Da arbeitet _____ als Übersetzerin. _____ spricht viele Sprachen und lernt jetzt Arabisch.

2 Neina Cathomen wohnt in Falera im Kanton Graubünden. _____ sagt: «Ich fahre jeden Tag mit dem Postauto nach Chur.» Da geht _____ zur Schule.

3 Ilario Pifferini ist 26 Jahre alt. _____ kommt aus dem Tessin und wohnt jetzt in Basel. _____ spricht in Basel oft Italienisch. Das ist seine Muttersprache. _____ versteht aber auch Baseldeutsch und _____ spricht relativ gut Deutsch und Französisch.

**Neue Personen**

4 Hans Meyer ist 34 Jahre alt. _____ wohnt in Basel. _____ arbeitet bei Novartis.

5 Silvia Padrutt ist 23. _____ kommt aus Chur und wohnt jetzt in Schaffhausen. _____ arbeitet bei Migros.

6 Franz Kälin arbeitet bei den SBB. _____ ist 58 Jahre alt und wohnt in Luzern.

## 3  Verben suchen

Finden Sie die Grammatik im Text? Suchen und markieren Sie alle Verben im Text.

Luca (11) und Rico (11): «Wir spielen zusammen Fussball in einem Junioren-Club. Immer am Samstag spielen wir gegen eine andere Mannschaft. Wir gehen auch zusammen zur Schule, in die fünfte Klasse. Wir sprechen Hochdeutsch im Unterricht und wir lernen Französisch. In der Pause sprechen wir Dialekt.»

Jean-Nicolas (31) kommt aus der Westschweiz, aus dem Kanton Waadt. Er arbeitet als Ingenieur in einer internationalen Firma in der Deutschschweiz. «Wir haben viel zu tun. Die Kunden kommen aus der ganzen Welt. Sie sprechen meistens Englisch oder Französisch, manchmal auch Deutsch.»

## 4  Verben konjugieren  [ Arbeitsblatt 6 ]

Markieren Sie die Endungen und ergänzen Sie die Tabelle.

du | er | wir | sie | ~~ich~~ | ihr | sie | Sie

|  | kommen | fragen | antworten | finden |
|---|---|---|---|---|
| *ich* | komme | frag | antworte | find |
|  | kommst | frag | antwortest | find |
|  | kommt | frag | antwortet | find |
|  | kommt | frag | antwortet | find |
|  | kommen | frag | antworten | find |
|  | kommt | frag | antwortet | find |
|  | kommen | frag | antworten | find |
|  | kommen | frag | antworten | find |

## 5 Zusammen lernen

Üben Sie in Gruppen. Konjugieren Sie die Verben.

beginnen | buchstabieren | fragen | hören | kommen | lernen | machen | notieren | sagen | schreiben | spielen | suchen | üben | verstehen | wiederholen | wohnen | …

arbeiten | antworten | finden | ordnen | öffnen | zeichnen | sprechen | treffen | lesen | haben | sein | …

## 6 Personalpronomen international

Was heisst «wir» in Ihrer Muttersprache? Machen Sie ein «Wir-Poster» im Kurs.

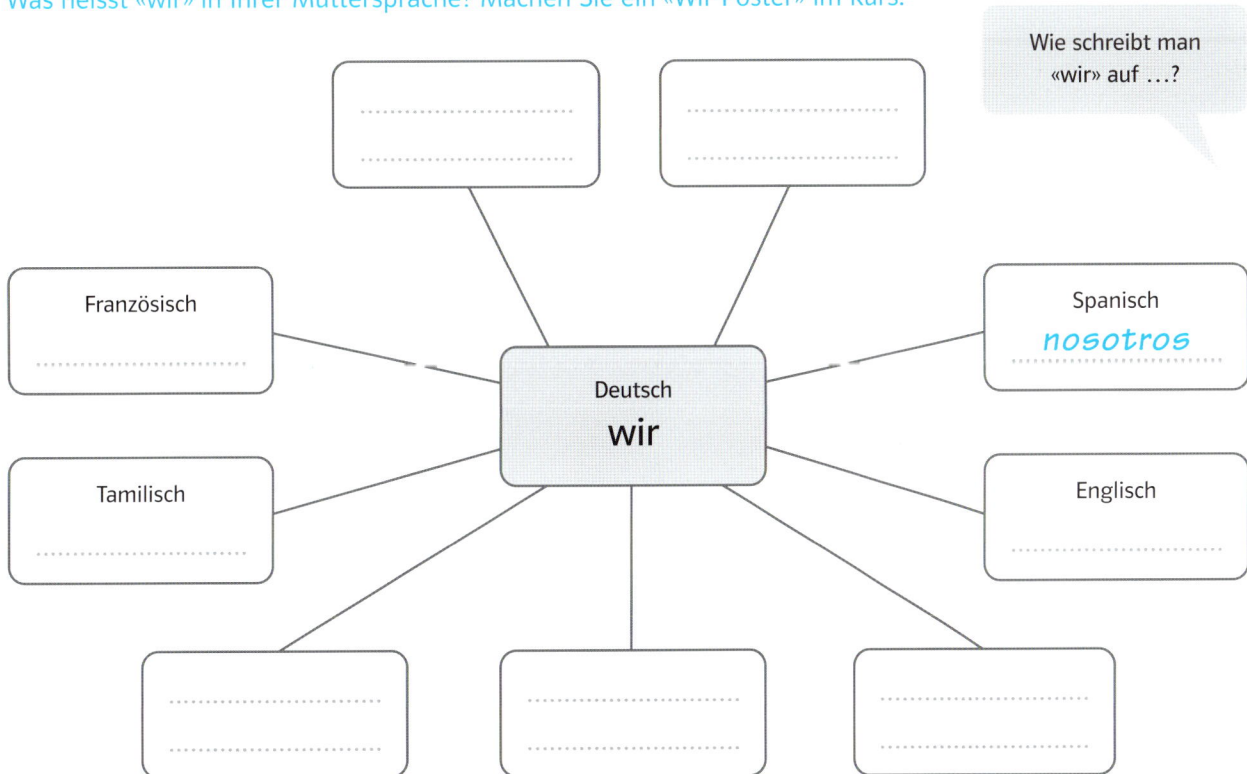

Einheit 3 «Leute in der Schweiz»

## 7 Grammatik und Poesie

Ergänzen Sie und lesen Sie im Kurs.

**Fragen und antworten**

Ich *frage* ,

du ............... ,

er ............... ,

und sie ............... auch.

Alle ............... .

Und wer ............... ?

**Suchen und finden**

Ich such ....... .

Du such ....... .

Er such ....... .

Und sie such ....... .

Wir such ....... .

Und auch ihr such ....... .

Alle such ....... .

Und wer find ....... ?

**Alles klar!**

Ich verstehe das.

Du ............... das.

Sie versteht das.

Und er ............... das auch.

Das ist kein Problem:

Wir alle ............... das.

## 8 Grammatik kreativ [ Arbeitsblatt 7 ]

Schreiben auch Sie.

→ gehen und kommen
→ hören und sprechen
→ fragen und verstehen
→ schreiben und lesen
→ …

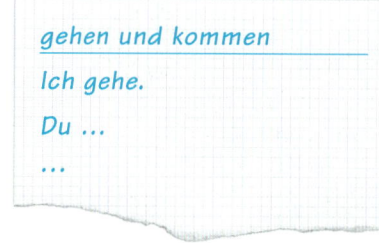

*gehen und kommen*
*Ich gehe.*
*Du …*
*…*

## 9 Bekannte Personen

Ergänzen Sie die Texte.

### Text 1

**wohnt | spricht | versteht | ist | arbeitet**

Hui-Zhu Hu (38) ............ in Luzern.

Sie ............ als Gymnastiklehrerin.

Ihre Muttersprache ............ Chinesisch.

Sie ............ Englisch und Deutsch und

............ Schweizerdeutsch.

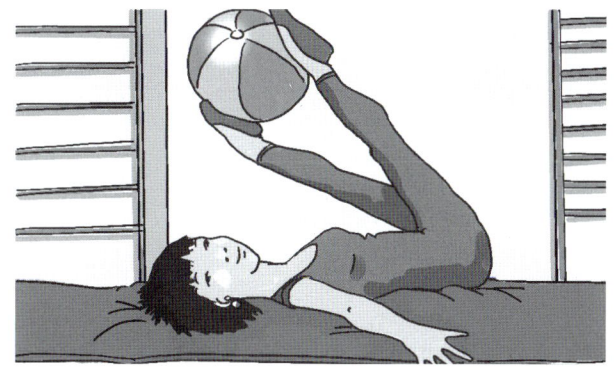

### Text 2

**versteht | wohnt | kommt | arbeitet | spricht**

Sellathurai Ranganathan (30) ............ aus

Sri Lanka und ............ jetzt in Kloten

im Kanton Zürich. Er ............ als Küchen-

hilfe im Restaurant «Airgate». Er ............

Tamilisch (Muttersprache), Englisch und

Deutsch. Er ............ auch Zürichdeutsch.

### Text 3

**spreche | komme | ist | suche | spreche | verstehe | wohne**

Ilario Pifferini (26): «Ich ............ aus dem

Tessin und ............ jetzt in Basel. Meine

Muttersprache ............ Italienisch. Ich ............

auch in Basel oft Italienisch. Ich ............

aber Baseldeutsch und ............ auch relativ

gut Deutsch und Französisch. Ich ............

Arbeit als Automechaniker oder Chauffeur.»

## 10 Noch eine bekannte Person

Ergänzen Sie den Text.

**Text 4**

**versteht | hört | wohnt | spricht | arbeitet**

Ana Carina Hernández Castillo (22) aus Guatemala ............... in Zürich und ............... als Pflegehelferin im Kantonsspital. Sie ............... Spanisch (Muttersprache) und Hochdeutsch. Im Spital ............... sie viele Sprachen. Sie ............... Italienisch, Portugiesisch und auch Schweizerdeutsch.

## 11 Was stimmt?

Notieren Sie zwei Sätze. Die Information in einem Satz stimmt. Die Information im anderen Satz ist falsch. Lesen Sie dann jeden Satz im Kurs. Ihre Kolleginnen und Kollegen raten: Was stimmt? Was stimmt nicht?

# Die Uhrzeit [Kursbuch S. 34]

## 12 Uhrzeiten zusammen üben

Üben Sie im Kurs.

Punkt 2 Uhr — 5 nach 2 — 10 nach 2 — Viertel …

**Varianten**
→ Punkt 3 Uhr – 5 nach 3 – 10 nach 3 – Viertel nach 3 – …
→ Punkt 5 Uhr – 5 nach 5 – 10 nach 5 – …
→ Punkt 8 Uhr – 5 nach 8 – …

## 13 Uhren und Uhrzeiten

Ergänzen Sie.

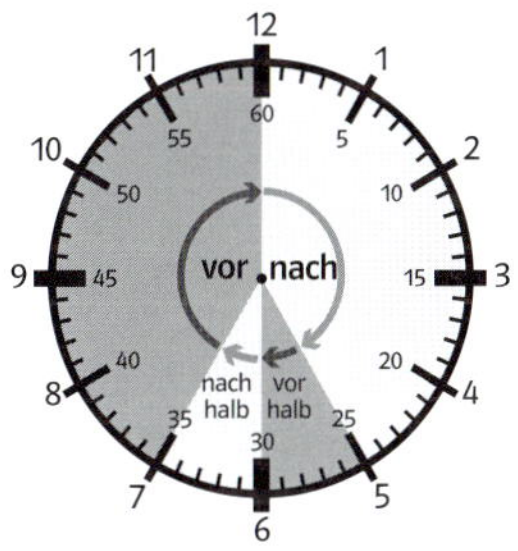

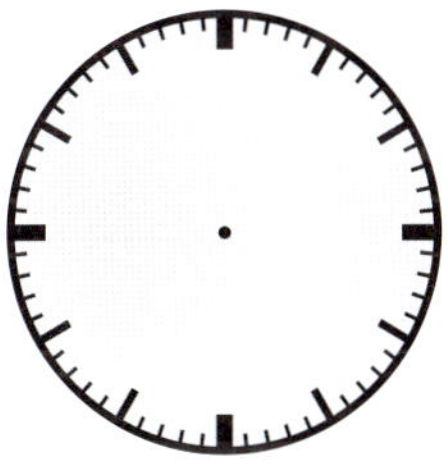

10 vor 3

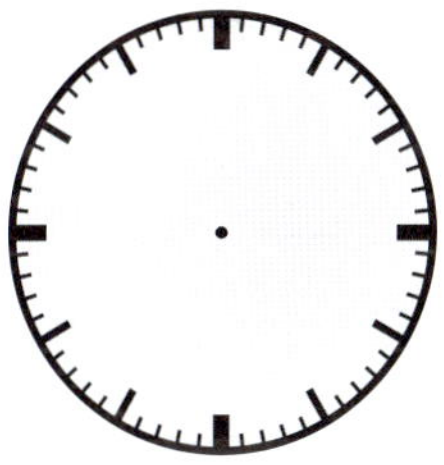

Viertel nach 8

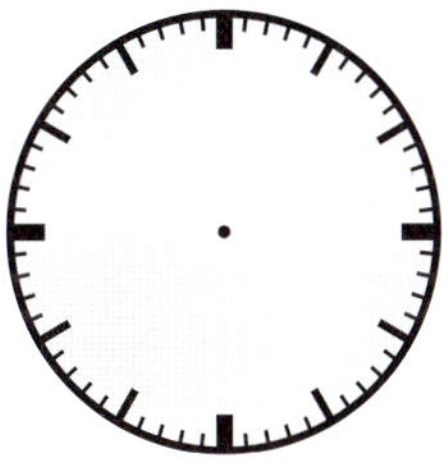

5 vor 7

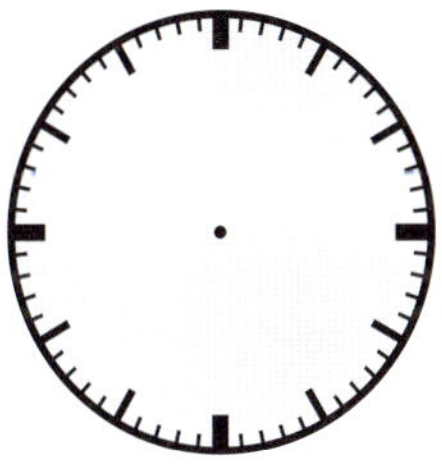

5 nach halb 3

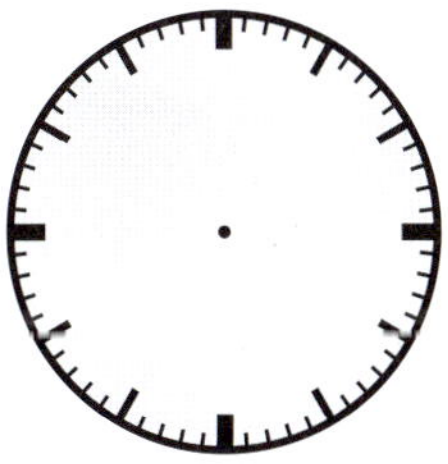

5 vor halb 9

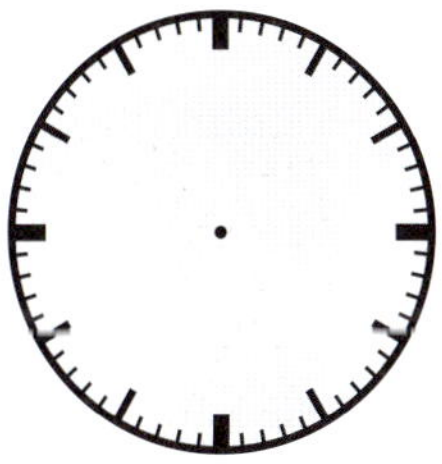

Punkt 4 Uhr

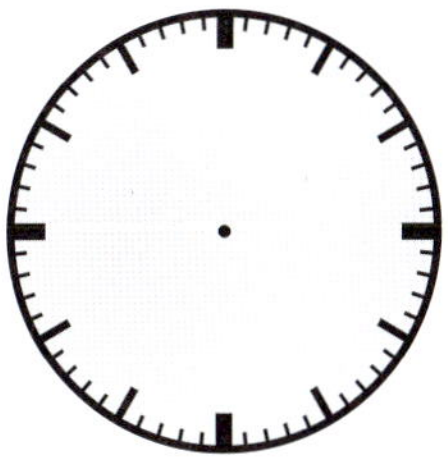

halb 1

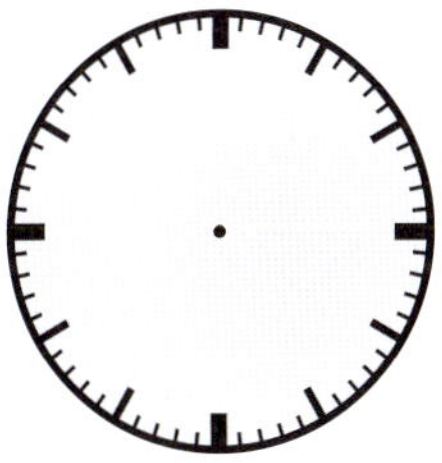

Einheit 3

## 14 Dialoge bauen [ Arbeitsblatt 8 ]

Ordnen Sie die Sätze. Sprechen Sie dann die Dialoge zu zweit.

**Dialog 1**

▶ Ja, genau Viertel vor.
● Genau Viertel vor zwölf?
● Danke.
▶ Viertel vor zwölf.
▶ Bitte.
● Wie spät ist es, bitte?

**Dialog 2**

▶ Fünf vor halb drei.
● Entschuldigung, wie viel Uhr ist es?
▶ Bitte, gern geschehen.
● Oh, schon so spät. Danke.

## 15 Schon so spät!

Ergänzen Sie die Sätze.

~~schon~~ | noch | zu | erst | schon

**Dialog 1**

▶ Ist es _schon_ zwei Uhr?
● Nein, _____ Viertel vor.
▶ Gut, wir haben _____ Zeit.

**Viel Zeit**
Es ist **erst** zehn vor zwei.
Wir haben **noch** Zeit.

**Dialog 2**

▶ Wie spät ist es, bitte?
● Viertel nach sieben.
▶ Was, _____ Viertel nach!
● Ja, wir sind _____ spät.

**Wenig Zeit**
Es ist **schon** zehn nach zwei.
Oh, wir sind **zu spät**.

32  Einheit 3 «Leute in der Schweiz»

## 16 Mein Deutschkurs

Wann haben Sie Deutschkurs? Schreiben Sie.

**Kurstage**

Ich habe am ........................ und am ........................ Kurs.

Ich habe von ........................ bis ........................ Kurs.

**Tageszeit**

Mein Deutschkurs ist am ........................................... .

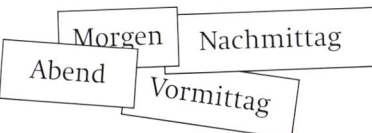

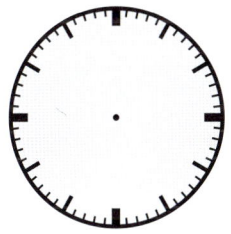 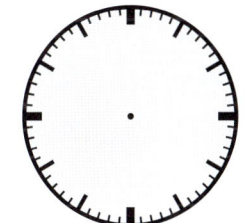

**Kurszeit**

Ich habe von ........................ Uhr bis ........................ Uhr Kurs.

Die Pause ist von ........................ Uhr bis ........................ Uhr.

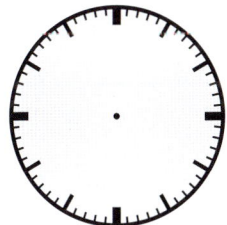 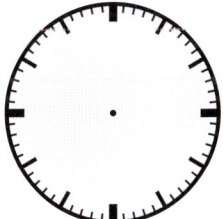

## 17 Projekt: Öffnungszeiten international

Schreiben Sie Schilder in Ihrer Muttersprache. Übersetzen Sie und erklären Sie im Kurs.

→ Wie sind die Öffnungszeiten in Ihrem Land? (Bank, Post, Restaurant, Supermarkt …)
→ Schreiben Sie ein Schild mit Öffnungszeiten in Ihrer Muttersprache.
→ Zeigen Sie das Schild Ihren Kolleginnen und Kollegen im Kurs. Erklären Sie das Schild.

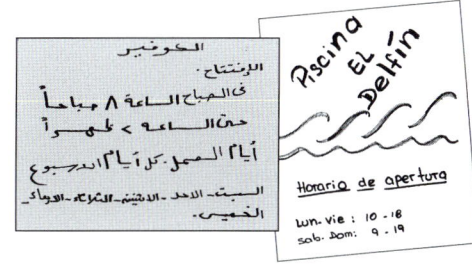

Einheit 3

# Lernen im Kurs und unterwegs

## L1 Kommunikation im Kurs

Lesen Sie. Welche Sätze sind wichtig? Markieren Sie und vergleichen Sie in Gruppen.

| Im Deutschkurs | |
|---|---|
| Öffnen Sie bitte das Arbeitsbuch auf Seite 34. | Wie bitte? |
| Auf welcher Seite, bitte? | Ich verstehe das nicht. |
| Auf Seite 34. | Bitte noch einmal. |
| Schliessen Sie bitte die Bücher. | Bitte langsam. |
| Ergänzen Sie die Sätze. | Stimmt das? |
| Üben Sie zu zweit. | Ist das richtig? |
| Arbeiten Sie in Gruppen. | Ja, das stimmt. |
| Vergleichen Sie mit Kolleginnen und Kollegen im Kurs. | Das ist richtig. Gut. Sehr gut. |
| Ergänzen Sie die Tabelle. | Ich bin fertig. |
| Vergleichen Sie zu zweit. | Ich bin noch nicht fertig. |

## L2 Unterwegs lernen: Die Uhrzeiten

→ Wie viele Uhren sehen Sie auf dem Weg von der Schule nach Hause? Zählen Sie.
→ Üben Sie die Uhrzeit unterwegs auf Deutsch.
→ Lesen Sie die Uhrzeit immer auf Deutsch.

## L3 Wie finden Sie das?

Kreuzen Sie an und vergleichen Sie im Kurs.

**Unterwegs Uhrzeiten auf Deutsch lernen, das finde ich ...**

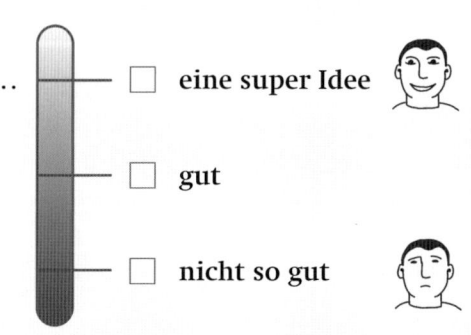

☐ eine super Idee

☐ gut

☐ nicht so gut

34  Einheit 3 «Leute in der Schweiz»

# Arbeit und Beruf [ Kursbuch S. 40 ]

## 1 Berufe und Tätigkeiten

Wer macht was? Ordnen Sie zu und sprechen Sie zu zweit.

Termine koordinieren | Fieber messen | fahren | Kundinnen grüssen | reden und lachen | Rapporte schreiben | Strassen suchen | E-Mails schreiben | Preise lesen | mit Patienten sprechen | Geld zählen | am PC arbeiten | Medikamente sortieren | Retourgeld geben | warten | telefonieren

Sekretärin

Taxifahrer

Kassiererin

Pflegeassistent

| Sekretärin | Taxifahrer | Kassiererin | Pflegeassistent |
|---|---|---|---|
| Termine koordinieren | Fahren | Kundinnen grüssen | Fieber messen |
| Email schreiben | Strassen suchen | Preise lesen | Rapporte schreiben |
| am PC arbeiten | warten | Geld zählen | mit Patienten sprechen |
| telefonieren | reden und lachen | Retourgeld geben | Medikamente sortieren |

> Als Sekretärin arbeiten, das heisst: …

## 2 Im Haushalt arbeiten [ Arbeitsblatt 5 ]

Schreiben Sie. Arbeiten Sie mit dem Wörterbuch.

> Im Haushalt arbeiten, das heisst:
> … und … und …
> Das heisst auch: … und …
> Die Arbeit ist …
> Im Haushalt arbeiten ist …

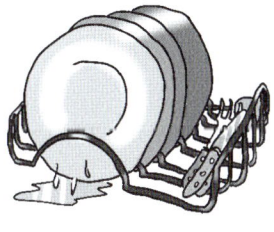
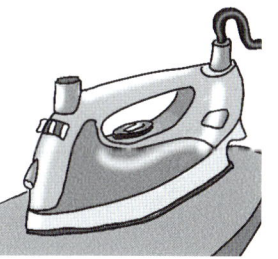

## 3 Berufe raten

Spielen Sie Berufe-Pantomime. Die Kolleginnen und Kollegen im Kurs raten.

## 4 Viel zu tun

Wo passen die Verben? Ergänzen Sie die Sätze.

**schreibe** | ~~messe~~ | **spreche** | **sortiere**

Der Pflegeassistent sagt: «Ich *messe* das Fieber und ............... mit Patientinnen und Patienten.

Ich ............... Medikamente und ............... Rapporte.»

~~tippe~~ | **lese** | **zähle** | **grüsse** | **kassiere**

Die Kassiererin sagt: «Ich ............... Kundinnen und Kunden. Ich ............... die Preise

und *tippe* die Preise in die Kasse. Ich ............... und ............... das Geld.»

**schlafe** | **lese** | **bin** | **fahre**

Der Chauffeur sagt: «Ich ............... viele Kilometer. Ich ............... Strassenkarten

und ............... lange unterwegs. Manchmal ............... ich im Auto.»

## 5 Verben konjugieren

Ergänzen Sie die Tabelle.

| lesen | ~~lese~~ | | misst | messe | | fahren | fahre | | schläfst | schlafen |
| liest | lesen | | messen | misst | | fahren | fährt | | schläft | schlafen |
| liest | lest | | messen | misst | | fahrt | fährst | | schlaft | schlafen |
| liest | lesen | | messt | messen | | fahren | fährt | | schlafe | schläft |

| lesen | messen | fahren | schlafen |
| --- | --- | --- | --- |
| ich *lese* | ich | ich | ich |
| du | du | du | du |
| er | er | er | er |
| sie | sie | sie | sie |
| wir | wir | wir | wir |
| ihr | ihr | ihr | ihr |
| sie | sie | sie | sie |
| Sie | Sie | Sie | Sie |

## 6 Ping-Pong und Ballspiel [ Arbeitsblatt 6 ]

Üben Sie die Verbkonjugation zu zweit und in Gruppen.

→ sprechen – helfen – geben – messen – lesen – fahren – schlafen – …
→ suchen – schreiben – sortieren – lachen – zählen – telefonieren – verstehen – fragen – hören – …
→ reden – warten – antworten – …

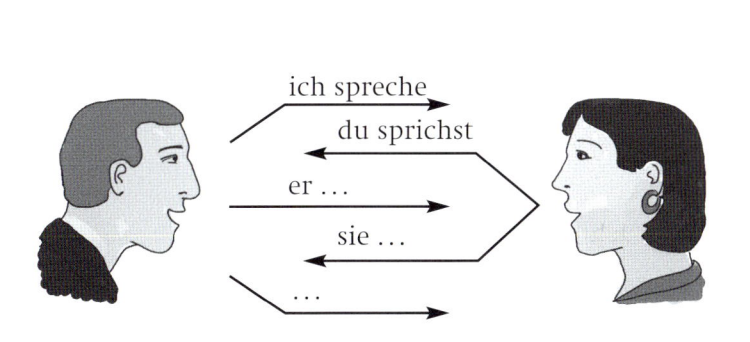

ich spreche
du sprichst
er …
sie …
…

ich …  du …  er …  sie …

Einheit 4 «Arbeit»   37

# Einheit 4

## 7 Der Taxifahrer

Ergänzen Sie die Verb-Endungen.

Er wart *et* und fähr___ und wart___. Er such___ Strassen und fähr___ und fähr___. Er sprich___ und lern___ Leute kennen. Er red___ und lach___. Er fähr___ in der Nacht und schläf___ am Tag. Er find___ die Arbeit anstrengend, aber auch interessant.

## 8 Fragen: per Sie oder per du?

Notieren Sie die Fragen und diskutieren Sie im Kurs: Wann braucht man die Sie-Form? Wann braucht man die du-Form?

**Per Sie**

Was arbeiten Sie?

Was machen Sie beruflich?

Wo arbeiten Sie?

> Per Sie spreche ich mit ...

**Per du**

Was arbeitest du?

Was machst du beruflich?

Wo arbeitest du?

> Per du spreche ich mit ...

## 9 Meine Arbeit [ Arbeitsblatt 7 ]

Schreiben Sie. Lesen Sie dann Ihren Text im Kurs.

→ Beruf
→ Arbeit
→ Firma
→ Arbeitsort
→ Tätigkeiten
→ Wie ist die Arbeit?

*Meine Arbeit*
*Beruf: Ich bin ...*
*Arbeit: Ich arbeite als ...*
*Ich suche Arbeit als ...*
*Firma: Ich arbeite bei ...*

## 10 Tag und Nacht arbeiten [ Arbeitsblatt 8 ]

Was meinen Sie? Wer arbeitet wann? Notieren Sie und vergleichen Sie im Kurs.

die Verkäuferin | der Taxifahrer | die Küchenhilfe | die Pflegehelferin | die Polizistin | die Kursleiterin | die Sekretärin | der Chauffeur | der Automechaniker | der Ingenieur | der Übersetzer | die Gymnastiklehrerin | …

| Wer arbeitet am Tag? | Wer arbeitet am Abend? | Wer arbeitet in der Nacht? | Wer arbeitet am Wochenende? |
|---|---|---|---|
| | | | |
| | | | |
| | | | |
| | | | |

Die Verkäuferin arbeitet …

Der Chauffeur …

## 11 Frühdienst

Lesen Sie den Arbeitsplan: Von wann bis wann arbeitet die Pflegeassistentin? Ergänzen Sie den Text.

| Frühdienst: Pflegeassistentin | |
|---|---|
| 07:00 – 09:00 | |
| 09:00 – 09:20 | Vormittagspause |
| 09:20 – 11:25 | |
| 11:25 – 12:00 | Mittagspause |
| 12:00 – 14:50 | |
| 14:50 – 15:00 | Nachmittagspause |
| 15:00 – 16:00 | |

1 Der Frühdienst beginnt am Morgen um *sieben* Uhr.

2 Die erste Pause ist von ............... Uhr bis ............... .

3 Die Mittagspause beginnt um ............... Uhr ............... und dauert bis ............... .

4 Die Pause am Nachmittag ist von ............... bis ............... Uhr.

5 Um ............... Uhr ist der Frühdienst fertig.

# Einheit 4

## Personalien [ Kursbuch S. 43 ]

### 12 Ein Formular ausfüllen

Füllen Sie bitte das Formular aus.

```
 1  Name /   2  Vorname
 3  Strasse / 4  Nr.
 5  PLZ /    6  Wohnort
 7  Telefon
 8  Natel
 9  E-Mail

10  Beruf
11  Alter
12  Zivilstand

13  Nationalität / 14  Herkunftsland
15  Ausweis /     16  Aufenthaltsbewilligung

Unterschrift
```

Wie ist die Postleitzahl?

Sind Sie verheiratet?

Bitte unterschreiben Sie hier.

### 13 Viele Fragen

Wo passen die Nummern aus Übung 12? Notieren Sie.

- _2_  Wie ist Ihr Vorname?
- _7_  Wie ist Ihre Telefonnummer?
- _10_ Was sind Sie von Beruf?
- _12_ Sind Sie verheiratet?
- _11_ Wie alt sind Sie?
- _6_  Wo wohnen Sie?
- _5_  Wie ist die Postleitzahl?
- _1_  Wie ist Ihr Familienname?

- _16_ Welche Aufenthaltsbewilligung haben Sie?
- _15_ Was für einen Ausweis haben Sie?
- _3_  Wie ist Ihre Adresse?
- _4_  Welche Hausnummer?
- _8_  Wie ist Ihre Natel-Nummer?
- _14_ Woher kommen Sie?
- _13_ Wie ist Ihre Nationalität?
- ___  Wie ist Ihre E-Mail-Adresse?

40   Einheit 4 «Arbeit»

## 14 Sätze bauen [ Arbeitsblatt 9 ]

Arbeiten Sie mit Papierstreifen und legen Sie Fragen. Das Beispiel hilft.

| ist | Ihr Vorname |
| --- | --- |
| ? | Wie |

| Wie | ist | Ihr Vorname | ? |

## 15 Rollenspiel: Fragen zur Person [ Arbeitsblatt 10 ]

Auf dem Einwohnermeldeamt: Spielen Sie Dialoge am Schalter.

Wie ist Ihre Adresse, bitte?

...

## 16 Adressen schreiben [ Arbeitsblatt 11 ]

Schreiben Sie Briefadressen.

**Einsenden an:**
**Personaldienst SBB, Herr A. Morell, Fabrikstr. 34, 3603 Thun**

**MINA SANTOS**
Tanzkurse
Mo, Di, Do: 18 – 20 h

Erikaweg 14
3006 Bern
Tel. 031/351 46 53
Fax 031/351 46 53

Martha
Indermauer    041/810 65 81
6430 Schwyz    Gotthardstr. 78

Einheit 4 «Arbeit»

Einheit 4

# Geld im Alltag [ Kursbuch S. 44 ]

## 17 Schweizer Geld im Alltag [ Arbeitsblatt 12 ]

Was passt zusammen? Arbeiten Sie zu zweit.

| Man sagt … | | Man schreibt … | |
|---|---|---|---|
| 1 | Fünfliber | a | 5 Rappen |
| 2 | Zwanzigernote | b | 10 Rappen |
| 3 | Fünfzigernote | c | 20 Rappen |
| 4 | Zweifränkler | d | 50 Rappen |
| 5 | Hunderternote | e | 1 Franken |
| 6 | Fünfziger | f | 2 Franken |
| 7 | Einfränkler | g | 5 Franken |
| 8 | Zehner | h | 10 Franken |
| 9 | Fünfer | i | 20 Franken |
| 10 | Tausendernote | k | 50 Franken |
| 11 | Zwanziger | l | 100 Franken |
| 12 | Zehnernote | m | 200 Franken |
| 13 | Zweihunderternote | n | 1000 Franken |

1 *g*  2 ....  3 ....  4 ....  5 ....  6 ....  7 ....  8 ....  9 ....  10 ....  11 ....  12 ....  13 ....

## 18 Das Retourgeld [ Arbeitsblatt 13 ]

Lesen Sie die Quittung und ergänzen Sie den Dialog.

```
------------------------------
                          CHF
  MINERAL S.PELL. 1.5 lit
    2 x 1.30              2.60
  ICE TEA LEMON           1.00
  BANANEN BIO 1 kg        2.80
  ANANAS                  4.80
------------------------------
  TOTAL                  11.20
  BARGELD                20.00
  RETOUR                  8.80
------------------------------
  BESTEN DANK FÜR IHREN EINKAUF!
```

Verkäuferin: Das macht ............................................................. .

Kunde: Hier bitte, das sind ............................................................. .

Verkäuferin: Danke, und ............................................................. retour.

Kunde: Danke.

42  Einheit 4 «Arbeit»

## 19 In der Bäckerei [ Arbeitsblatt 14 ]

Ordnen Sie die Dialogstreifen. Arbeiten Sie zu zweit.

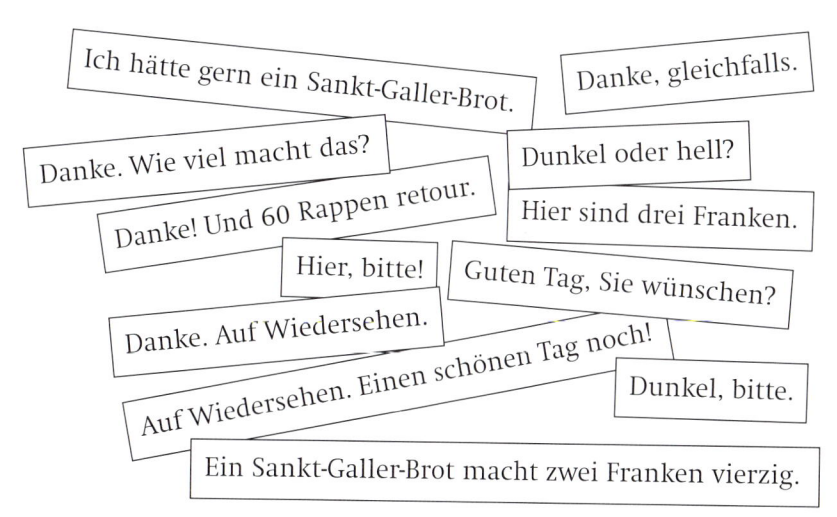

- Ich hätte gern ein Sankt-Galler-Brot.
- Danke, gleichfalls.
- Danke. Wie viel macht das?
- Dunkel oder hell?
- Danke! Und 60 Rappen retour.
- Hier sind drei Franken.
- Hier, bitte!
- Guten Tag, Sie wünschen?
- Danke. Auf Wiedersehen.
- Auf Wiedersehen. Einen schönen Tag noch!
- Dunkel, bitte.
- Ein Sankt-Galler-Brot macht zwei Franken vierzig.

Spielen Sie jetzt Dialoge in der Bäckerei. Rollen: Verkäufer/Verkäuferin und Kunde/Kundin.

Guten Tag, Sie wünschen?

Ich hätte gern …

**Eine höfliche Bitte**
Ich hätte gern …

## 20 Geld einzahlen [ Arbeitsblatt 15 und 16 ]

Lesen Sie den Einzahlungsschein und notieren Sie die Antworten.

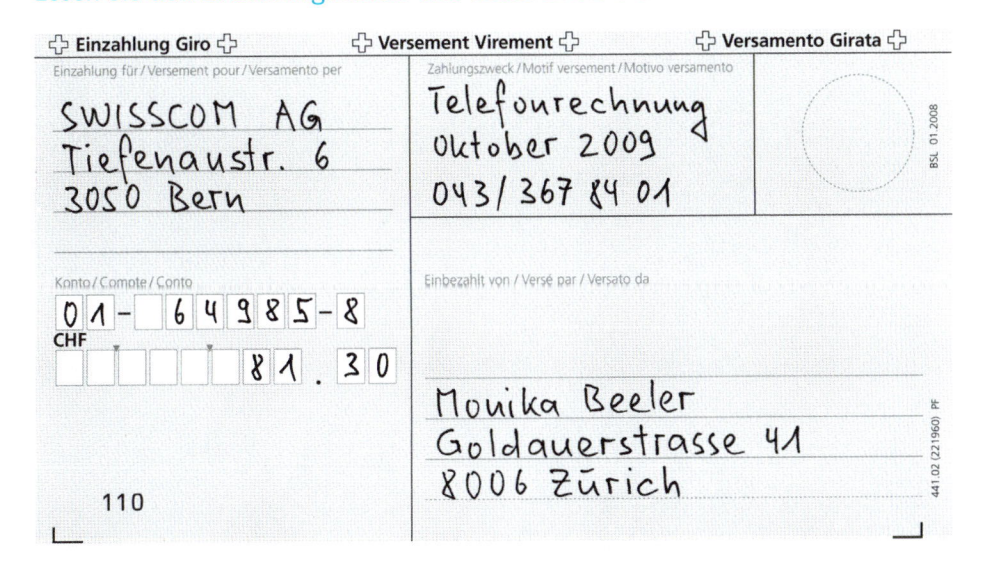

**Einzahlung Giro / Versement Virement / Versamento Girata**

Einzahlung für / Versement pour / Versamento per:
SWISSCOM AG
Tiefenaustr. 6
3050 Bern

Konto / Compte / Conto: 01-64985-8
CHF 81.30

Zahlungszweck / Motif versement / Motivo versamento:
Telefonrechnung
Oktober 2009
043/367 84 01

Einbezahlt von / Versé par / Versato da:
Monika Beeler
Goldauerstrasse 41
8006 Zürich

110

**Fragen**
1 Wer bezahlt hier?
2 Wo wohnt diese Person?
3 Wie viel zahlt sie ein?
4 Wer bekommt das Geld? Welche Firma?

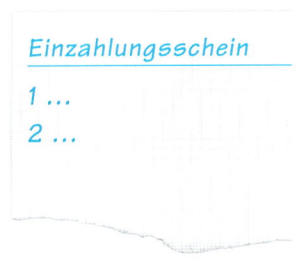

*Einzahlungsschein*
*1 …*
*2 …*

# Einheit 4

# Texte verstehen

## L1 Informationen suchen

Picken Sie die Informationen. So verstehen Sie Texte leicht.

> Texte verstehen, das heisst Informationen finden.
> Suchen Sie Informationen. Lesen Sie selektiv:
> **Picken Sie Informationen.**
> So verstehen Sie Texte leicht.

## L2 Zwei Informationen picken

Schauen Sie das Foto an. Lesen Sie die zwei Fragen und suchen Sie die Antworten im Text.
Picken Sie genau diese zwei Informationen und notieren Sie die Antworten.

**Fragen**

1 Wie alt ist der Mann?

2 Welche Sprache spricht er zu Hause?

**Antworten**

1 ..................................................

2 ..................................................

Sind die Antworten richtig? ⟶ Gut! Sie haben die Informationen. Der Rest – die anderen Wörter im Text – sind im Moment nicht wichtig.

> Fred Hodel (42) wohnt im Kanton Bern: «Ich wohne in Thun und ich arbeite auch hier. Ich bin Lehrer. Ich unterrichte Deutsch und Mathematik in einer internationalen Klasse. Die Schülerinnen und Schüler kommen aus der ganzen Welt. So höre ich jeden Tag viele Sprachen. Ich selber spreche in der Klasse Hochdeutsch. Zu Hause spreche ich Berndeutsch. Das ist meine Muttersprache.»

## L3 Sechs Informationen picken

Lesen Sie den Text in L2 noch einmal und ergänzen Sie die Tabelle: Picken Sie die Informationen aus dem Text.

> Informationen suchen und Texte verstehen:
> **Tabellen helfen!**

| Vorname | Name | Alter | Wohnort | Arbeit/Beruf | Sprachen |
|---------|------|-------|---------|--------------|----------|
|         |      |       |         |              |          |
|         |      |       |         |              |          |

Einheit 4 «Arbeit»

# Aktivitäten [Kursbuch S. 50]

## 1 In der Freizeit [Arbeitsblatt 6]

Was passt zusammen? Notieren Sie.

in den Zoo gehen | schwimmen gehen | picknicken gehen | ~~Musik machen~~ |
Briefe schreiben | in ein Konzert gehen | in ein Restaurant essen gehen | Fussball spielen |
Freunde und Verwandte besuchen

A: *Musik machen*

Was machst du am Sonntag?

**gehen + Aktivität**
ich gehe schwimmen
ich gehe picknicken

Einheit 5 «Freizeit» 45

## 2 Gern oder nicht gern?

Was machen Sie gern? Was machen Sie nicht gern? Sprechen Sie in Gruppen.

▶ Ich gehe gern tanzen.
 Und Sie?
● Ich gehe nicht gern tanzen.
 Aber ich gehe gern in den Zoo.
 Und Sie? Was machen Sie gern?
▷ Ich gehe …

## 3 Statistik: Freizeitaktivitäten zu Hause

Was machen die Leute? Was sagt die Statistik? Lesen Sie und notieren Sie.

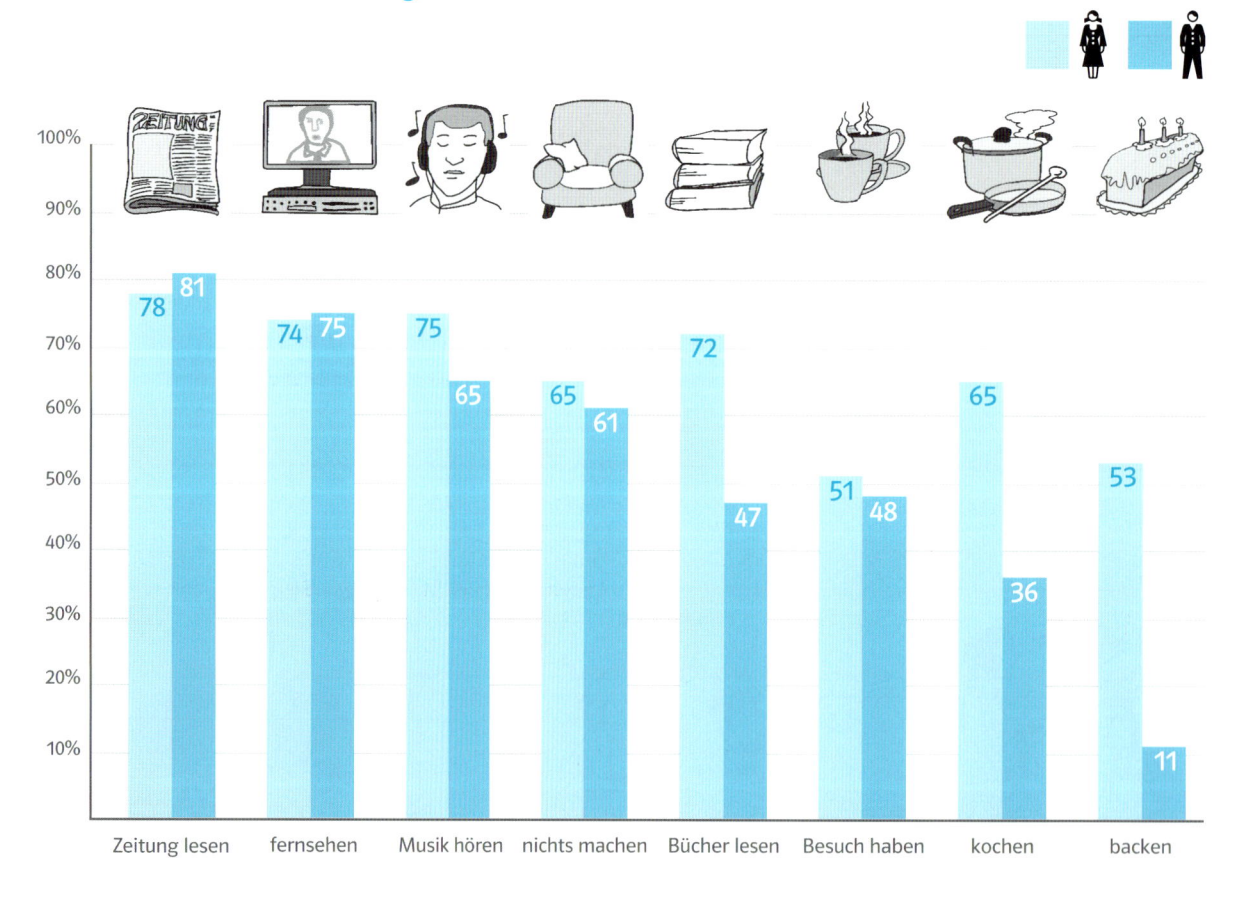

| Aktivität | Frauen | Männer |
|---|---|---|
| Zeitung lesen | 78 | 81 |
| fernsehen | 74 | 75 |
| Musik hören | 75 | 65 |
| nichts machen | 65 | 61 |
| Bücher lesen | 72 | 47 |
| Besuch haben | 51 | 48 |
| kochen | 65 | 36 |
| backen | 53 | 11 |

*Frauen*
Auf Platz 1 ist Zeitung lesen.
Auf Platz 2 ist …
…
Auf Platz 8 ist …

*Männer*
Auf Platz 1 ist …
Auf Platz 2 ist …
…
Auf Platz 8 ist …

## 4 Freizeit zu Hause

Lesen Sie den Text und vergleichen Sie die Informationen mit der Statistik von Übung 3. Eine Information im Text ist falsch. Welche? Unterstreichen Sie die falsche Information und notieren Sie die richtige.

**Was machen die Leute?**
Viele Leute lesen zu Hause Zeitung. Sie sehen fern, hören Musik oder machen auch mal nichts in ihrer Freizeit. Etwa gleich viele Frauen und Männer lesen Zeitung. Auch etwa gleich viele Frauen und Männer hören Musik. Aber mehr Männer als Frauen lesen Bücher: 47% der Frauen lesen Bücher, bei den Männern sind es 72%. Und wie ist es mit Kochen? Die Statistik zeigt: Mehr Frauen als Männer kochen, bei den Frauen sind es 65%, bei den Männern sind es nur 36%.

**Man schreibt**
47%, 72%, …

**Man sagt**
47 Prozent, 72 Prozent, …

Richtig ist:

*Aber* ................................................................................

................................................................................

## 5 Wörter lernen: Die eigene Meinung hilft [ Arbeitsblatt 7 ]

Ordnen Sie die Wörter und vergleichen Sie mit Kolleginnen und Kollegen im Kurs.

fotografieren | telefonieren | Briefe schreiben | Briefe lesen | lange schlafen | lachen | nichts machen | fernsehen | zu Hause ein Buch lesen | zu Hause Musik hören | auswärts essen gehen | Deutsch lernen | Radio hören | mit Freunden sprechen | Kinder hüten | …

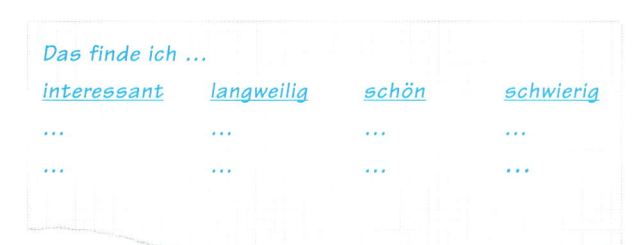

*Das finde ich …*

| *interessant* | *langweilig* | *schön* | *schwierig* |
|---|---|---|---|
| … | … | … | … |
| … | … | … | … |

**Ihre Meinung ist wichtig!**
Ihre Meinung hilft Ihnen beim Deutschlernen. Ordnen Sie die Wörter nach Ihren persönlichen Ideen. So lernen Sie leicht. So lernen Sie gut.

## 6 Was machen Sie? Wie oft? [ Arbeitsblatt 8 ]

Kreuzen Sie an und ergänzen Sie die Liste. Vergleichen Sie dann im Kurs.

| Das mache ich in der Schweiz … | oft | manchmal | selten | nie |
|---|---|---|---|---|
| an eine Party gehen | ☐ | ☐ | ☐ | ☐ |
| auswärts essen | ☐ | ☐ | ☐ | ☐ |
| Besuch haben | ☒ | ☐ | ☐ | ☐ |
| ein Buch lesen | ☐ | ☐ | ☐ | ☐ |

Ich habe oft Besuch.

…

## 7 Sprechen oder schreiben: Ihre Wahl

Möchten Sie zu zweit über Ihre Freizeit sprechen oder möchten Sie lieber allein über Ihre Freizeit schreiben?
Kreuzen Sie an und machen Sie dann Übung 8 oder Übung 9.

**Ich möchte ...**
- ☐ über meine Freizeit **sprechen**. → Weiter mit **Übung 8**.
- ☐ über meine Freizeit **schreiben**. → Weiter mit **Übung 9**.

## 8 Sprechen [ Arbeitsblatt 9 ]

Sprechen Sie zu zweit über Ihre Freizeit. Die Karten helfen.

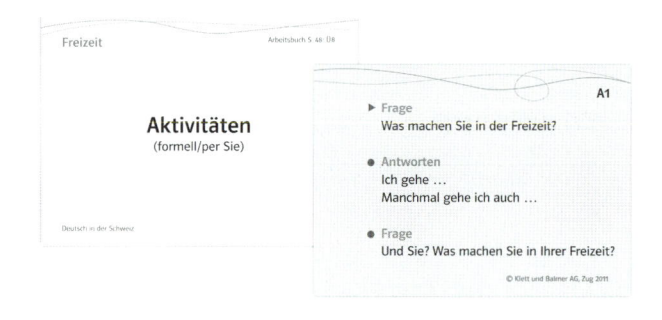

Freizeit — Arbeitsbuch S. 48/Ü8

**Aktivitäten**
(formell/per Sie)

Deutsch in der Schweiz

A1
▶ Frage
Was machen Sie in der Freizeit?

● Antworten
Ich gehe ...
Manchmal gehe ich auch ...

▶ Frage
Und Sie? Was machen Sie in Ihrer Freizeit?

© Klett und Balmer AG, Zug 2011

## 9 Schreiben [ Arbeitsblatt 10 ]

Schreiben Sie über Ihre Freizeit. Möchten Sie Ihren Text im Kurs vorlesen?

Ich gehe oft ... | Manchmal gehe ich ... | ...
Ich gehe auch gern ... | ...
Ich treffe ... | Wir gehen zusammen ... | ...
In meiner Freizeit mache ich ... | ...
Am Sonntag gehe ich ... | Das finde ich ... | ...

*Meine Freizeit in der Schweiz*
...
...
...
...

# Unterhaltung [ Kursbuch S. 52 ]

## 10 Von wann bis wann?

Ergänzen Sie die Sätze.

1 Die Pizzeria ist über Mittag von 11 Uhr bis halb *drei Uhr* geöffnet und am Abend

von 5 bis halb ................. .

2 Das Restaurant «Takano» hat jeden Tag von 18.00 Uhr bis ................. Uhr offen. Von Montag bis

................. ist es auch über Mittag von ................. Uhr bis ................. Uhr geöffnet.

3 Das Fitness-Studio ist von ................. bis ................. von 7 Uhr bis 22 Uhr

geöffnet. Am Wochenende ist es von ................. Uhr bis ................. Uhr geöffnet.

## 11 Ein Jahr, 12 Monate, 365 Tage [ Arbeitsblatt 11 ]

Suchen Sie die Monatsnamen im Inserat und schreiben Sie eine Liste.

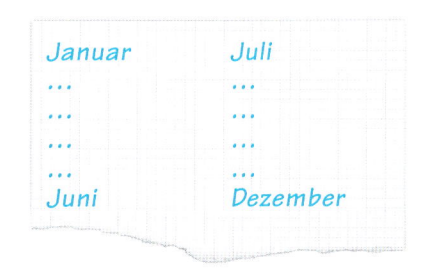

*Januar     Juli*
*...        ...*
*...        ...*
*...        ...*
*...        ...*
*Juni       Dezember*

## 12 Ping-Pong: Wann? [ Arbeitsblatt 12 ]

Üben Sie zu zweit.

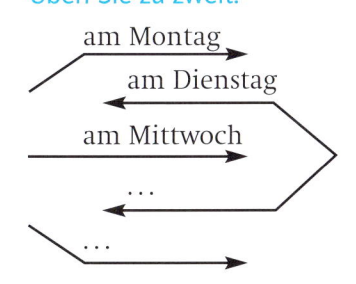

am Montag
am Dienstag
am Mittwoch
...
...

→ am nächsten Mittwoch, …
→ am letzten Samstag, …
→ am Morgen, am Vormittag, …
→ um 3 Uhr, um 4 Uhr, …
→ um halb eins, um …
→ im Januar, im Februar, …

**Wann?**
am + Tag und Tageszeit
um + Uhrzeit
im + Monat

# Einheit 5

## Eine Verabredung [ Kursbuch S. 53 ]

### 13 Gross oder klein? [ Arbeitsblatt 13 und 14 ]

Schreiben Sie die Sätze. Vergleichen Sie mit Kolleginnen und Kollegen im Kurs.

1. hastduamsamstagzeit?
2. ja.warum?
3. wasmachstduheuteabend?
4. ichweissnochnicht.warum?
5. ichgeheinskino.kommstdumit?
6. gehenwireinenkaffeetrinken?
7. guteidee.ichkommegleich.
8. heutegehtesnicht.vielleichtnächstewoche.
9. ichgeheammittwochnachmittagmitdenkinderindenzoo.kommstduauch?

*1 Hast du am Samstag Zeit?*
*2 …*

### 14 Dialoge bauen [ Arbeitsblatt 15 ]

Ordnen Sie die Dialoge. Arbeiten Sie in Gruppen. Lesen Sie dann die Dialoge zu zweit oder in Gruppen und üben Sie die Aussprache.

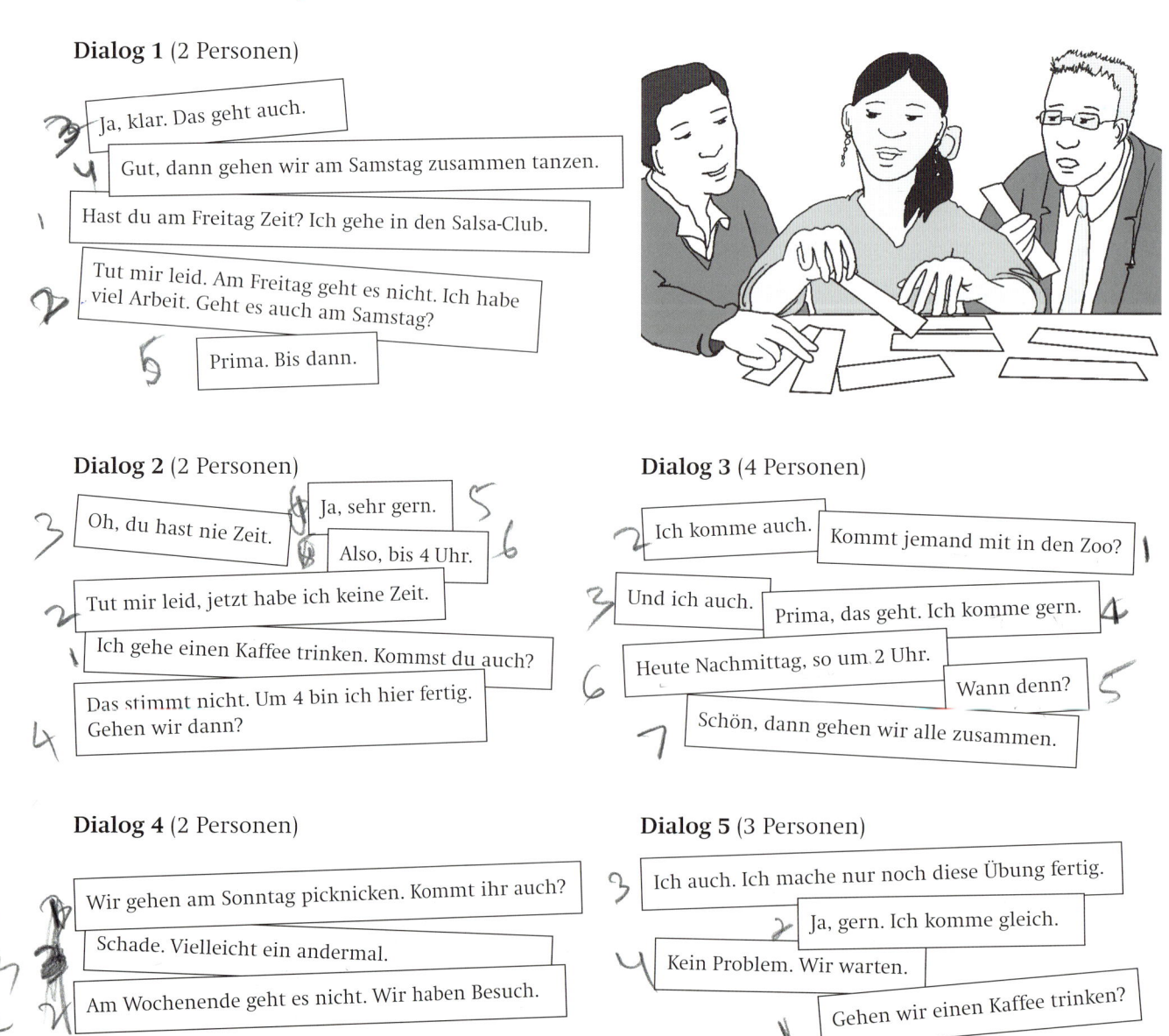

**Dialog 1** (2 Personen)

- (3) Ja, klar. Das geht auch.
- (4) Gut, dann gehen wir am Samstag zusammen tanzen.
- (1) Hast du am Freitag Zeit? Ich gehe in den Salsa-Club.
- (2) Tut mir leid. Am Freitag geht es nicht. Ich habe viel Arbeit. Geht es auch am Samstag?
- (5) Prima. Bis dann.

**Dialog 2** (2 Personen)

- (3) Oh, du hast nie Zeit.
- (5) Ja, sehr gern.
- (6) Also, bis 4 Uhr.
- (2) Tut mir leid, jetzt habe ich keine Zeit.
- (1) Ich gehe einen Kaffee trinken. Kommst du auch?
- (4) Das stimmt nicht. Um 4 bin ich hier fertig. Gehen wir dann?

**Dialog 3** (4 Personen)

- (2) Ich komme auch.
- (1) Kommt jemand mit in den Zoo?
- (3) Und ich auch.
- (4) Prima, das geht. Ich komme gern.
- (6) Heute Nachmittag, so um 2 Uhr.
- (5) Wann denn?
- (7) Schön, dann gehen wir alle zusammen.

**Dialog 4** (2 Personen)

- (1) Wir gehen am Sonntag picknicken. Kommt ihr auch?
- (3) Schade. Vielleicht ein andermal.
- (2) Am Wochenende geht es nicht. Wir haben Besuch.

**Dialog 5** (3 Personen)

- (3) Ich auch. Ich mache nur noch diese Übung fertig.
- (2) Ja, gern. Ich komme gleich.
- (4) Kein Problem. Wir warten.
- (1) Gehen wir einen Kaffee trinken?

## 15 Kommst du mit ins Konzert?

Ordnen Sie die Antworten.

Ich weiss nicht. | Gern. | ~~Gute Idee!~~ | Tut mir leid, das geht nicht. | Ins Konzert? Ich weiss nicht. | Vielleicht. | Ich bin zu müde. | Vielleicht ein andermal. | Klar komme ich mit. | Ich habe keine Zeit. | Nein, ich habe viel Arbeit. | Ja, gern.

Kommst du mit?

| Ja | Vielleicht | Nein |
|---|---|---|
| Gute Idee! | | |
| | | |
| | | |
| | | |

## 16 Projekt: Kino

→ Bringen Sie eine lokale Zeitung in den Deutschkurs.
→ Suchen Sie zu zweit die Kino-Inserate.
→ Was gibt es im Kino? Machen Sie eine Tabelle: Was? Wann? Wo?
→ Vielleicht gehen Sie mit Kolleginnen und Kollegen zusammen ins Kino: Viel Vergnügen!

| Was? | Wann? | Wo? |
|---|---|---|
| Dokumentarfilm | ... | ... |
| ... | ... | ... |
| ... | ... | ... |

**Zürich**

**Riffraff** — So 11.15/15.15/18.15 — CH-Dialekt
044 444 32 10 — Dokumentarfilm von Hans Haldimann
**BERGAUF, BERGAB**
Das Leben einer Bauernfamilie
Neugasse 57 — aus dem Urner Schächental

**Filmpodium** — Mo + Mi 19.15 Fr 23.15 — E/d/f
044 211 55 55 — Humphrey Bogart und
Ingrid Bergman in
**Casablanca**
Der klassische Liebesfilm von
Nüschelerstr. 11 — Michael Curtiz aus dem Jahre 1942

**Winterthur**

**Palace** — bis Fr täglich 20.15 — D
052 208 13 13 — Christian Bale in
**Batman: The Dark Knight**
US-amerikanische Comicverfilmung,
Technikumsstr. 92 — Spielfilm von Christopher Nolan

**Aarau**

**Nova** — Mo/Di 19.15 — D
062 832 12 12 — Angelina Jolie und James McAvoy in
**Wanted**
Action-Thriller vom russischen Kultregisseur
Kasinostrasse 13 — Timur Bekmambetov

# Einheit 5

## Wochenende [ Kursbuch S. 55 ]

### 17 Verben konjugieren: Präsens und Präteritum [ Arbeitsblatt 16 ]

Ergänzen Sie die Tabellen.

haben | haben | haben | habt | hast | ~~habe~~ | hat

hatten | hatten | hatten | hattest | ~~hatte~~ | hatte | hattet

sind | sind | sind | ist | bin | bist | seid

waren | waren | waren | war | war | wart | warst

| **haben** (Präsens) | **haben** (Präteritum) |
|---|---|
| ich habe | ich hatte |
| du hast | du hattest |
| er/es/sie hat | er/es/sie hatte |
| wir haben | wir hatten |
| ihr habt | ihr hattet |
| sie haben | sie hatten |
| Sie haben | Sie hatten |

| **sein** (Präsens) | **sein** (Präteritum) |
|---|---|
| ich bin | ich war |
| du bist | du warst |
| er/es/sie ist | er/es/sie war |
| wir sind | wir waren |
| ihr seid | ihr wart |
| sie sind | sie waren |
| Sie sind | Sie waren |

### 18 Mein Wochenende

Schreiben Sie.

Das Wochenende war schön | anstrengend | …
Ich war zu Hause | bei Freunden | im …
Ich hatte Besuch | …
Ich hatte frei | viel Spass | viel Arbeit | …

Mein Wochenende
Ich war …
Ich hatte …
Das Wochenende …
…

52   Einheit 5 «Freizeit»

## 19 Was war letzte Woche?

Ergänzen Sie und lesen Sie zu zweit.

**Frei haben**

Ich _hatte_ letzte Woche am Freitag frei.

Du ............ am Mittwoch frei.

Der Kollege ............ am Dienstag frei.

Die Kollegin ............ am Montag frei.

Wir alle ............ einen Tag frei.

Und du? Wann ............ du frei?

**Unterwegs sein**

Ich _war_ am letzten Freitag im Kino.

Patricia ............ am letzten Samstag in einem Konzert.

Regina und Helen ............ im Kino.

Frau Künzli und die Kinder ............ am letzten Sonntag im Zoo.

Alle ............ unterwegs.

Und du? Wo ............ du?

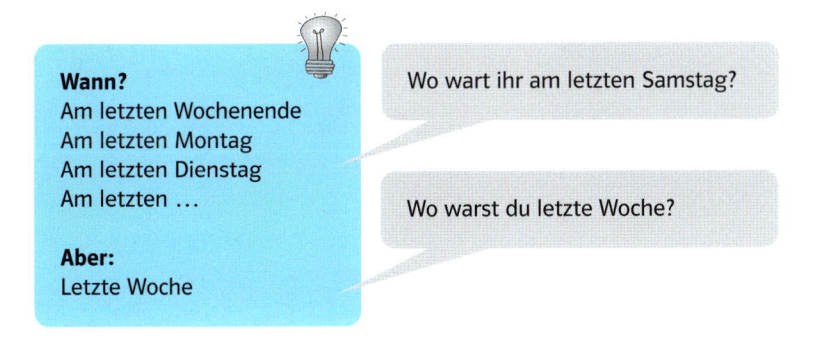

**Wann?**
Am letzten Wochenende
Am letzten Montag
Am letzten Dienstag
Am letzten …

**Aber:**
Letzte Woche

Wo wart ihr am letzten Samstag?

Wo warst du letzte Woche?

## 20 Ihre Meinung

Wie finden Sie das? Schreiben Sie oder sprechen Sie in Gruppen. Sie haben die Wahl.

Am Abend fernsehen | Besuch haben | ein Buch lesen | Zeitung lesen | kochen | Kuchen backen | in ein Konzert gehen | ins Kino gehen | Freunde und Bekannte treffen | auswärts essen | am Wochenende arbeiten | nichts machen | lange schlafen | Kinder hüten | picknicken | Fussball spielen | Verwandte besuchen | im Internet surfen | Velo fahren | Radio hören | …

Kochen, das finde ich …

Auswärts essen, das ist …

Zeitung lesen, das …

…

schön | sehr schön | gut | sehr gut | nicht gut | interessant | nicht so interessant | eine gute Idee | keine gute Idee | langweilig | anstrengend | schwierig | leicht | …

# Begrüssung und Verabschiedung am Telefon

## L1 Begrüssung per Sie [ Arbeitsblatt 17 ]

Lesen Sie den Dialog zu zweit. Spielen Sie dann Begrüssungen am Telefon. Die Sprechkarten helfen.

Stadt-Bibliothek, Susanne Räber. Guten Tag.

Guten Tag, Frau Räber. Mein Name ist Karakas.

Guten Tag, Frau Karakas. Was kann ich für Sie tun?

Ich habe eine Frage: …

## L2 Ich verbinde Sie

Lesen Sie die Dialoge. Spielen Sie dann zu dritt die Situation am Telefon.

- ▶ Sportamt, Kubli. Guten Tag.
- ● Guten Tag, Frau Kubli. Mein Name ist Duarte. Könnte ich mit Herrn Müller sprechen?
- ▶ Einen Moment, bitte. Ich verbinde Sie.
- ● Danke.

- ◇ Sportamt, Müller.
- ● Guten Tag, Herr Müller. Mein Name ist Duarte.
- ◇ Guten Tag, Frau Duarte. Was kann ich für Sie tun?
- ● Ich habe eine Frage.

## L3 Verabschiedung per Sie [ Arbeitsblatt 18 bis 20 ]

Lesen Sie die Verabschiedungen und spielen Sie zu zweit. Die Sprechkarten helfen.

**Frau Räber und Frau Karakas**
- ▶ …
- ● Vielen Dank für die Auskunft.
- ▶ Bitte, gern geschehen. Auf Wiederhören, Frau Karakas.
- ● Auf Wiederhören, Frau Räber.

**Herr Müller und Frau Duarte**
- ◇ …
- ● Vielen Dank für Ihre Hilfe.
- ◇ Das ist gern geschehen. Auf Wiederhören, Frau Duarte.
- ● Auf Wiederhören, Herr Müller.

# Ein Tag in Luzern [ Kursbuch S. 60 ]

## 1 Ausflugsziele in der Deutschschweiz

Welche Orte möchten Sie besuchen? Kreuzen Sie an.

[ Foto einkleben ]

**Das möchte ich machen:**

1  Den Rheinfall bei Schaffhausen besuchen. ☐

2  Den Zoo in Basel, Bern oder Zürich besuchen. ☐

3  Das Verkehrshaus in Luzern besuchen. ☐

4  Das Kloster Einsiedeln im Kanton Schwyz besuchen. ☐

5  Auf das Jungfraujoch im Berner Oberland fahren. ☐

6  Andere Idee: ☐

Einheit 6 «Exkursionen»  55

## 2 Ein Ort – drei Wörter

Beschreiben Sie internationale Reiseziele in drei Worten. Arbeiten Sie zu zweit.
Benutzen Sie auch Wörterbücher.

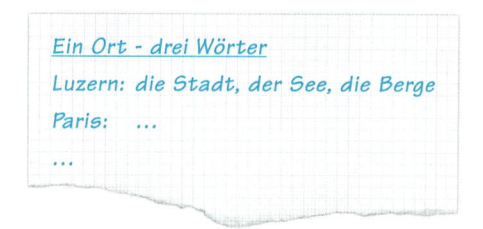

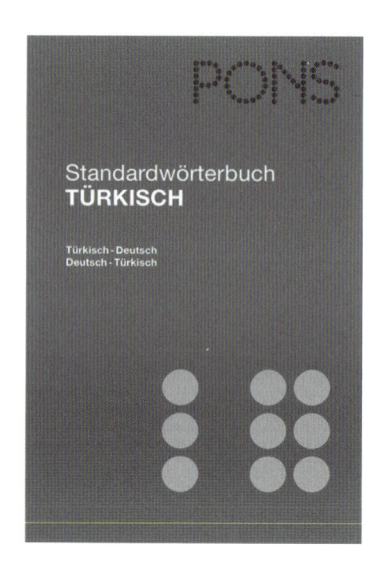

*Ein Ort – drei Wörter*
*Luzern: die Stadt, der See, die Berge*
*Paris: ...*
*...*

## 3 Projekt: Exkursion [ Arbeitsblatt 7 ]

Möchten Sie eine Stadt oder eine Region in der Schweiz besuchen? Welche? Planen Sie einen Ausflug.

**Wohin?**
- → Wohin möchten Sie gehen? Wählen Sie im Kurs ein Ausflugsziel.
- → Planen Sie mit der Kursleiterin zusammen den Ausflug.
- → Sammeln Sie zuerst Informationen. Schreiben Sie einen Brief oder ein E-Mail an «Schweiz Tourismus» und bitten Sie um Prospekte. Die Übungen 5 und 6 helfen Ihnen dabei.

**Unterwegs**
- → Besuchen Sie Ihr Ausflugsziel.
- → Machen Sie unterwegs Fotos oder sammeln Sie Prospekte.
- → Viel Vergnügen auf dem Ausflug!

**Zurück im Kurs**
- → Notieren sie Ihre Eindrücke von der Exkursion.
- → Machen Sie eine Collage im Kurs mit dem Titel «Ein Tag in ...»
- → Schreiben Sie eine Klassenzeitung zum Thema «Ausflug nach ...»

## 4 Informationen sammeln: Brief oder E-Mail?

Sie brauchen Informationen für Ihre Exkursion. Möchten Sie dazu einen Brief oder ein E-Mail schreiben? Kreuzen Sie an und machen Sie dann die Übung 5 oder die Übung 6.

**Was möchten Sie schreiben?**

☐ Ich möchte einen **Brief** schreiben. → Weiter mit **Übung 5**.

☐ Ich möchte ein **E-Mail** schreiben. → Weiter mit **Übung 6**.

## 5 Einen Brief schreiben [ Arbeitsblatt 8 und 9 ]

Schreiben Sie einen Brief. So bekommen Sie Informationen für Ihre Exkursion. Das Muster hilft.

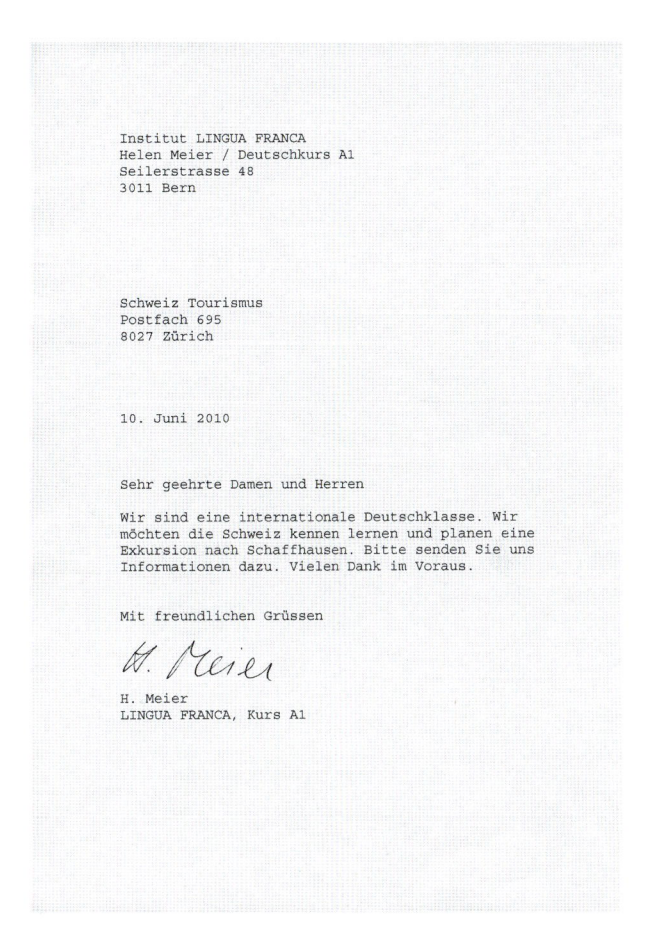

**MySwitzerland.com**
KONTAKT

Schweiz Tourismus
Postfach 695
8027 Zürich

00800 100 200 30 (Tel.)
00800 100 200 31 (Fax)
info@myswitzerland.com

---

Institut LINGUA FRANCA
Helen Meier / Deutschkurs A1
Seilerstrasse 48
3011 Bern


Schweiz Tourismus
Postfach 695
8027 Zürich


10. Juni 2010


Sehr geehrte Damen und Herren

Wir sind eine internationale Deutschklasse. Wir möchten die Schweiz kennen lernen und planen eine Exkursion nach Schaffhausen. Bitte senden Sie uns Informationen dazu. Vielen Dank im Voraus.

Mit freundlichen Grüssen

*H. Meier*

H. Meier
LINGUA FRANCA, Kurs A1

---

## 6 Ein E-Mail schreiben [ Arbeitsblatt 10 ]

Schreiben Sie ein E-Mail wie im Beispiel. So bekommen Sie Informationen für Ihre Exkursion.

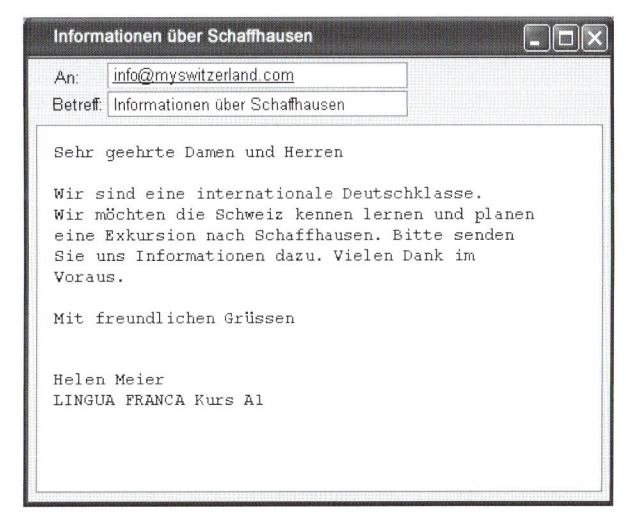

**MySwitzerland.com**

www.myswitzerland.com
Die offizielle Webseite von Schweiz Tourismus:
Reisen, Unterkünfte, Regionen, Orte und Events.
Alles auf einen Blick.

info@myswitzerland.com

---

**Informationen über Schaffhausen**

An: info@myswitzerland.com
Betreff: Informationen über Schaffhausen

Sehr geehrte Damen und Herren

Wir sind eine internationale Deutschklasse. Wir möchten die Schweiz kennen lernen und planen eine Exkursion nach Schaffhausen. Bitte senden Sie uns Informationen dazu. Vielen Dank im Voraus.

Mit freundlichen Grüssen


Helen Meier
LINGUA FRANCA Kurs A1

Einheit 6

## 7 Wie heissen die Sachen? Welcher Artikel passt?

Üben Sie zu zweit: Eine Person zeigt auf ein Bild, die andere Person nennt das Nomen mit Artikel.

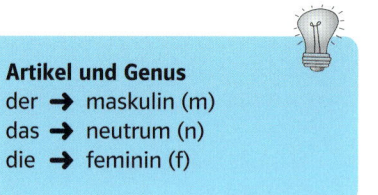

Wie heisst das auf Deutsch?

Schiff, das Schiff

**Artikel und Genus**
der → maskulin (m)
das → neutrum (n)
die → feminin (f)

## 8 Wörter mit Bildkarten lernen [ Arbeitsblatt 11 und 12 ]

Lernen Sie die Wörter mit Bildkarten. Machen Sie selber Bildkarten.

Lernen Sie Wörter mit Bildern.
So lernen Sie die Wörter gut.
So lernen Sie die Wörter schnell.

58   Einheit 6 «Exkursionen»

## 9 Was ist das? [ Arbeitsblatt 13 ]

Raten Sie und notieren Sie.

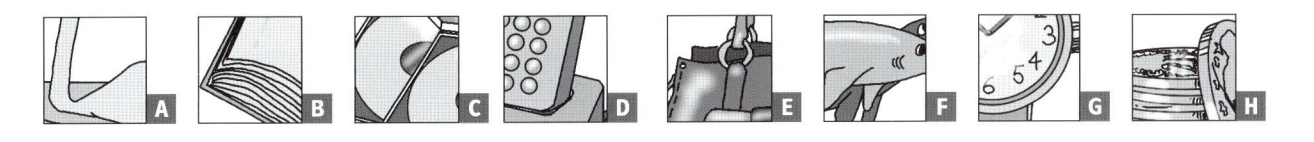

A   B   C   D   E   F   G   H

Ich glaube, das ist …

Das ist sicher …

Vielleicht ist das …

Das sind sicher …

Was ist das?
A Das ist sicher …
B …

## 10 Der Bär von Bern [ Arbeitsblatt 14 ]

Ergänzen Sie und lesen Sie den Dialog zu zweit.

● Was ist das? Ist das __ein__ Bär?

▶ Ja, das ist _____ Bär.

● Nein, das stimmt nicht.

Das ist _____ Bär.

▶ Doch, das ist _____ Bär. Das ist der Bär von Bern.

**Ja, nein, doch**
Ein Bär?   Ja, ein Bär.
           Nein, kein Bär.
Kein Bär?  Doch, ein Bär.

## 11 «Ja», «nein» oder «doch»: was passt?

Ergänzen Sie die Sätze. Lesen Sie dann die Fragen und Antworten zu zweit.

**Eine Übung schreiben**

1 ● Schreibst du die Übung nicht?

▶ __Doch__ , _____ . Ich beginne gleich.

2 ● Bist du schon fertig?

▶ _____ , noch nicht.

3 ● Machst du keine Pause?

▶ _____ , in fünf Minuten mache ich Pause.

4 ● Hast du dann etwas Zeit?

▶ _____ , kein Problem. Dann habe ich Zeit.

**Freizeit und Arbeit**

5 ● Kommst du heute Abend mit ins Kino?

▶ _____ , tut mir leid. Ich habe viel Arbeit daheim.

6 ● Hast du keine Freizeit?

▶ _____ , ich habe natürlich auch Freizeit. Aber im Moment habe ich viel Arbeit zu Hause.

7 ● Wie sieht das am Freitag aus?

Hast du am Freitag frei?

▶ _____ , am Freitag habe ich den ganzen Tag frei.

## 12 Was sehen Sie?

Ergänzen Sie die Sätze.

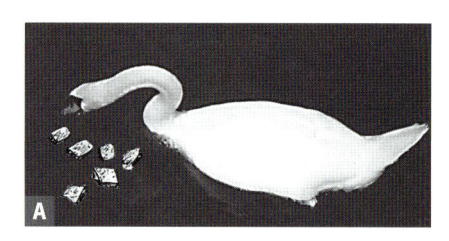

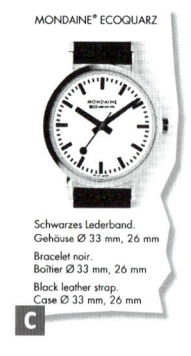

|  | (m) | (n) | (f) |  |
|---|---|---|---|---|
| neu im Text → | ein | ein | eine | indefinite Artikel |
| bekannt → | der | das | die | definite Artikel |
| → | er | es | sie | Personalpronomen |

**maskulin (m):** Auf Bild A ist _ein_ Schwan. _____ Schwan hat Hunger. _____ bekommt Brot.

**neutrum (n):** Auf Bild B ist _____ Wörterbuch. _____ Wörterbuch ist auf Deutsch und auf Spanisch. _____ ist von PONS.

**feminin (f):** Auf Bild C ist _____ Uhr. _____ Uhr ist schwarz und weiss. _____ zeigt 9 nach 10.

## 13 Nomen ohne Artikel

Was passt wo? Ergänzen Sie die Sätze.

~~Brot~~ | Zeit | Besuch | Glace | Salsa | Pause | Zeitung | Hunger | Fussball | Brot | Musik | Zeit

**In Luzern**

Nora und Basil werfen _Brot_ für die Schwäne ins Wasser.

Die Schwäne haben _____. Sie bekommen _____.

Die Familie macht _____. Alle essen _____.

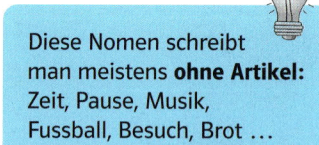

> Diese Nomen schreibt man meistens **ohne Artikel**: Zeit, Pause, Musik, Fussball, Besuch, Brot …

**Freizeit**

Ich tanze gern _____. Du liest gern _____.

Er hat gern _____. Sie hört gern _____.

Ihr spielt gern _____.

**Eine Verabredung**

Hast du heute Abend _____? Ja, klar! Ich habe _____.

# Unterwegs essen [ Kursbuch S. 64 ]

## 14 Bestell-Marathon [ Arbeitsblatt 15 ]

Bilden Sie eine Kette und bestellen Sie.

- Ich möchte einen Hamburger.
- Wir möchten einen Hamburger und einen Salat.
- Wir möchten einen Hamburger, einen Salat und ein Poulet.
- Wir möchten …

## 15 Rollenspiel: Bestellungen im Café [ Arbeitsblatt 16 ]

Wer möchte Gast spielen? Wer möchte Kellnerin oder Kellner spielen? Wer arbeitet am Buffet?
Wählen Sie eine Rolle und spielen Sie im Kurs.

- Guten Tag. Was möchten Sie?
- Ich möchte einen Kaffee Crème.
- Ich hätte gern …
- Und ich nehme …
- Zwei Kaffee Crème, einen Espresso, ein Mineralwasser mit Kohlensäure …
- Also: Zwei Kaffee Crème, …

**Nach Wünschen fragen**
Was möchten Sie?
Was nehmen Sie?
Was hätten Sie gern?

**Bestellen**
Ich möchte …
Ich nehme …
Ich hätte gern …

Einheit 6 «Exkursionen»

# Essen, trinken und bezahlen [ Kursbuch S. 65 ]

## 16 Kontraste [ Arbeitsblatt 17 ]

Sprechen Sie zu zweit. Üben Sie die Negation mit «kein».

**Essen**
Hamburger | Cervelat | Bratwurst | Poulet | Hot Dog | Pommes frites | Salat | Sandwich | Frühlingsrolle | Wontons | Falafel | Suppe | Dönerkebab | Joghurt | …

**Getränke**
Kaffee | Tee | Ovomaltine | Eistee | Mineralwasser | Bier | …

> Möchtest du auch …?
> Nein, heute …

**Ich und du**
▸ Möchtest du auch einen Hamburger?
● Nein, heute nehme ich keinen Hamburger.

**Wir und ihr**
▸ Möchtet ihr auch Pommes frites?
● Nein, heute nehmen wir keine Pommes frites.

## 17 Wer bestellt was?

«Wer» oder «Was»? Ergänzen Sie die Sätze.

1  *Was*  möchten Sie essen?
2  _____  nimmst du?
3  _____  bestellt eine Suppe?
4  _____  essen wir?
5  _____  isst du heute?
6  _____  trinken wir?
7  _____  nehmen wir?
8  _____  bestellst du?
9  _____  bekommen Sie?
10 _____  bekommt einen Kaffee Crème?

> «Wer» oder «Was»?
> Wer? → Personen
> Was? → Sachen

## 18 Verben mit Akkusativ

Im Buchstaben-Teppich sind 15 Verben versteckt. Wer findet sie in 7 Minuten?

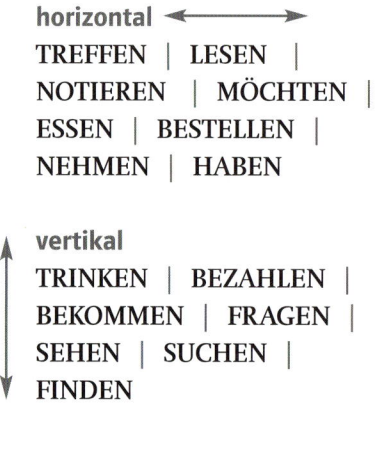

**horizontal** ↔
TREFFEN | LESEN | NOTIEREN | MÖCHTEN | ESSEN | BESTELLEN | NEHMEN | HABEN

**vertikal** ↕
TRINKEN | BEZAHLEN | BEKOMMEN | FRAGEN | SEHEN | SUCHEN | FINDEN

```
S O B A Z B U N D I E R N E S T O S A E U F V S
T R E F F E N T T A M P R O P D M U R A T O R E
R I Z O K K I L A F O R M L E S E N I F A M M N
I F A L N O T I E R E N Q U A U P A T I M O L L
N A H M X M I N S A R O T M Ö C H T E N S Z P L
K L L G Y M R A G G S Ö S K Q H Z Y X D U M G A
E G E S S E N M B E S T E L L E N M N E H M E N
N U N S Z N O R R N Q M H A U N I E G N U L I U
C I R O N N E U I T A K E Z G U I D O S T I N X
G Z A U B E R G H A B E N T A C M A R C E L L O
```

## 19 Wer bezahlt was?

Ergänzen Sie die Sätze und lesen Sie den Dialog zu zweit.

Gast  Wir möchten bezahlen, bitte.

Kellner  Ja, bitte. Was bezahlen Sie?

Gast  Ich bezahle *den* Kaffee, _____ Mineralwasser und _____ Glacen.

Kellner  Gut, Sie bezahlen also _____ Kaffee, _____ Mineralwasser und _____ vier Glacen. Einen Moment bitte. Das macht zusammen 33 Franken 70.

Gast  Hier sind 50 Franken. Machen Sie 35 Franken.

Kellner  Vielen Dank. Das sind noch 15 Franken zurück. Ich wünsche Ihnen noch einen schönen Tag.

## 20 Was macht das bitte? [ Arbeitsblatt 18 und 19 ]

Spielen Sie Dialoge. Die Karten helfen.

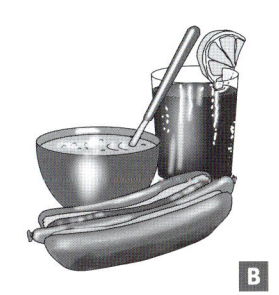

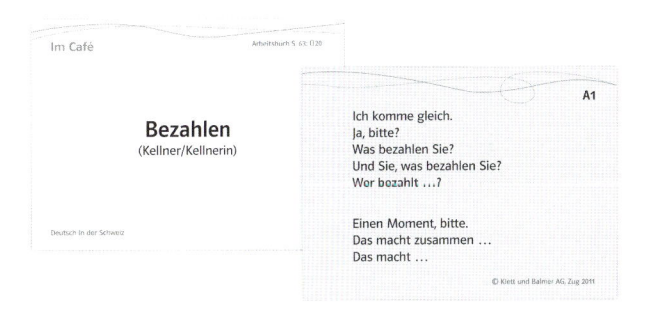

A  
B

## 21 Diskussion: Wer bezahlt?

Welche Frage möchten Sie diskutieren? Wählen Sie. Diskutieren Sie dann in Gruppen. Am Schluss präsentieren Sie im Kurs die Resultate aus der Diskussion.

**Der Mann oder die Frau?**
Ein Mann und eine Frau sind im Restaurant. Wer bezahlt in Ihrem Herkunftsland? Der Mann oder die Frau? Wer bezahlt hier in der Deutschschweiz? Ist das normal?

Frage 1

**Alles zusammen oder getrennt?**
Eine Gruppe von Kollegen und Kolleginnen sind in einem Restaurant. Bezahlt am Ende eine Person alles zusammen oder bezahlt jede Person individuell?

Frage 2

Ich möchte die Frage _____ diskutieren.

Einheit 6 «Exkursionen»

# «Der», «das», «die» im Wörterbuch

## L1 Nomen und Artikel

So finden Sie die Artikel im Wörterbuch.

m (maskulin) → der
nt (neutrum) → das
f (feminin) → die

**Zoo** *m* حديقة الحيوان [ħadiːqat alħajawaːn].

**Kino** *nt* ⟨-s, -s⟩ кино́ *nt*; ins ~ gehen идти́ в кино́

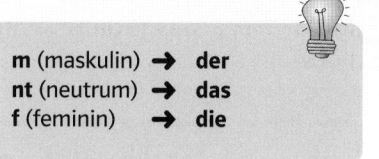

**Musik** *f* -en ① 音乐 yīnyuè ② 乐曲 yuèqǔ; in ~

........ > Zoo

........ > Kino

........ > Musik

## L2 Wie heissen die Artikel?

Markieren Sie die Abkürzungen für «der», «das» und «die» in den Wörterbuchtexten und ergänzen Sie die Liste. Arbeiten Sie zu zweit.

Wie heisst der Artikel von …

*das* Inserat

........ Zeitung

........ Text

........ Information

........ Foto

........ Handy

........ Kaffee

........ Telefon

**Inserat** *nt* anuncio *m*; **Inserent(in)** *m(f)* anunciante *mf*; **inserieren 1.** *vi* poner un anuncio (*in* +*dat* en); **2.** *vt* publicar; sie inserierte in mehreren Zeitungen puso annuncios en varios periódicos.

**Zeitung** *f* giornale *m*.

**Text** (-∅s; -e) *m* tekst;

科学 jìsuànjī kēxué; **Informatiker** *m* 计算机科学工作者 jìsuànjī kēxué gōngzuòzhě; **Information** *f* -en ① 消息 xiāoxi, 报道 bàodào ② 资料

**Foto** *nt* ⟨-s, -s⟩ photo *f*; **Fotoapparat** *m* appareil *m* photo; **Fotoartikel** *mpl* articles *mpl* photographiques; **Fotograf(in)** *m(f)* ⟨-en, -en⟩ photographe *m/f*; **Fotografie** *f* photographie *f*; **foto-**

**Handwörterbuch** *nt* concise dictionary. **Handy** *nt* -s, -s (*Telec*) mobile (phone). **Hand-**: ~**zeichen** *nt* signal; (*Geste*)

**Kaffee (m):** கோப்பி
**Kaffeehaus (n):** கோப்பி அ (சிற்றுண்டி) சாலை

**Tel.** *nt Abk von* **Telefon**
**Telearbeit** *f* teleiş
**Telearbeitsplatz** *m* tele işyeri
**Telebanking** *nt* telebank
**Telefax** *nt* telefaks
**Telefon** *nt* telefon
**Telefonbuch** *nt* telefon rehberi

## L3 Artikel suchen und finden

Wie heissen die Abkürzungen für «der», «das» und «die» in Ihrem Wörterbuch? Ergänzen Sie. Vergleichen Sie mit Kolleginnen und Kollegen im Kurs.

Abkürzung in meinem Wörterbuch

der → ........................ > Film

das → ........................ > Konzert

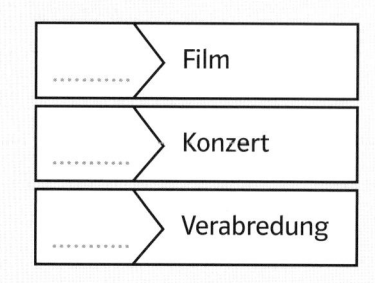

die → ........................ > Verabredung

# Die Wohnung [ Kursbuch S. 70 ]

## 1  Die Zimmer

Wie heissen die Zimmer? Notieren Sie.

die Küche | das Wohnzimmer | der Korridor | das Bad | das Kinderzimmer | der Balkon | das Schlafzimmer

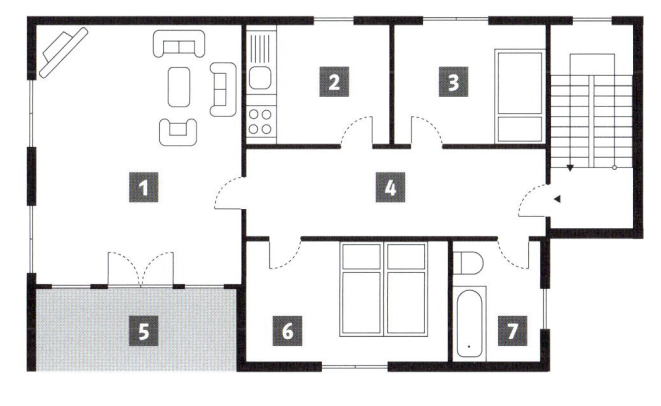

1 ................................................
2 ................................................
3 ................................................
4 *der Korridor*
5 ................................................
6 ................................................
7 ................................................

## 2  Meine Wohnung

Zeichnen Sie einen Plan von Ihrer Wohnung und sprechen Sie zu zweit oder in Gruppen.

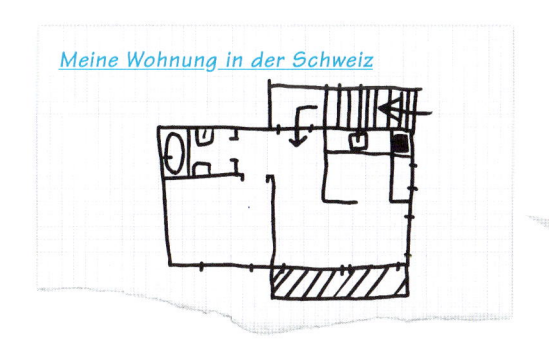

*Meine Wohnung in der Schweiz*

Das ist meine Wohnung.
Das ist das Wohnzimmer.
Hier ist die Küche.
Das Bad ist hier.
…

## 3  Wie ist die Wohnung? [ Arbeitsblatt 13 ]

Beschreiben Sie Ihre Wohnung: Wie ist sie? Wie sind die Zimmer?
Notieren Sie mindestens vier Sätze.

ruhig | zentral | modern | hell | renoviert | gemütlich |
praktisch | neu | dunkel | günstig | alt | schön | gross |
laut | klein | hoch | tief | …

Die Wohnung liegt ............................... .     Das Wohnzimmer ist ............................... .

Das Schlafzimmer ist ............................... .     Das Kinderzimmer ist ............................... .

Die Küche ist ............................... .     Das Bad ist ............................... .

............................... .     ............................... .

Einheit 7 «Wohnen»   65

## 4 In welchem Stock wohnen Sie? [ Arbeitsblatt 14 ]

Notieren Sie und fragen Sie Ihre Kolleginnen und Kollegen im Kurs.

| In welchem Stock? | |
|---|---|
| Im **1.** Stock | Im **ersten** Stock |
| Im **2.** Stock | Im **zweiten** Stock |
| Im **3.** Stock | Im **dritten** Stock |
| Im **4.** Stock | Im **vierten** Stock |
| Im **5.** Stock | Im **fünften** Stock |
| Im **6.** Stock | Im **sechsten** Stock |
| Im **7.** Stock | Im **siebten** Stock |
| Im **8.** Stock | Im **achten** Stock |
| Im **9.** Stock | Im **neunten** Stock |
| Im **10.** Stock | Im **zehnten** Stock |

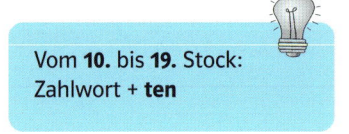

Vom **10.** bis **19.** Stock: Zahlwort + **ten**

Ich wohne im ............................. Stock.

Wer wohnt im Parterre?

Ping-Pong

im 1. Stock
im 2. Stock
im 3. Stock
im …
…

## 5 In der Wohnung

Was machen Sie wo? Kreuzen Sie an und vergleichen Sie mit Kolleginnen und Kollegen im Kurs.

| Das mache ich … | im Wohn-zimmer | in der Küche | im Schlaf-zimmer | im Kinder-zimmer | im Bad | auf dem Balkon |
|---|---|---|---|---|---|---|
| Zeitung lesen | ☐ | ☐ | ☐ | ☐ | ☐ | ☐ |
| fernsehen | ☐ | ☐ | ☐ | ☐ | ☐ | ☐ |
| Musik hören | ☐ | ☐ | ☐ | ☐ | ☐ | ☐ |
| ein Buch lesen | ☐ | ☐ | ☐ | ☐ | ☐ | ☐ |
| kochen | ☐ | ☐ | ☐ | ☐ | ☐ | ☐ |
| essen | ☐ | ☐ | ☐ | ☐ | ☐ | ☐ |
| Kaffee trinken | ☐ | ☐ | ☐ | ☐ | ☐ | ☐ |
| mit Freunden zusammen sein | ☐ | ☐ | ☐ | ☐ | ☐ | ☐ |
| schlafen | ☐ | ☐ | ☐ | ☐ | ☐ | ☐ |
| mit den Kindern spielen | ☐ | ☐ | ☐ | ☐ | ☐ | ☐ |
| einen Brief schreiben | ☐ | ☐ | ☐ | ☐ | ☐ | ☐ |
| telefonieren | ☐ | ☐ | ☐ | ☐ | ☐ | ☐ |

Und wo lernen Sie Deutsch zu Hause?

## 6 Wo bist du?

Lesen Sie und ergänzen Sie die Liste.

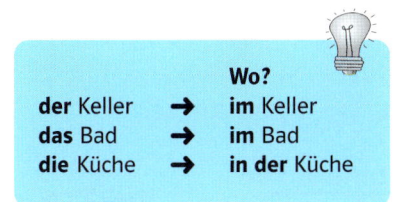

| | Wo? |
|---|---|
| **der** Keller → | **im** Keller |
| **das** Bad → | **im** Bad |
| **die** Küche → | **in der** Küche |

| | | |
|---|---|---|
| der Garten | → | *im Garten* |
| der Keller | → | |
| der Lift | → | |
| das Wohnzimmer | → | |
| das Kinderzimmer | → | |
| das Schlafzimmer | → | |
| das Treppenhaus | → | |
| die Waschküche | → | |
| die Garage | → | |
| **aber** | | |
| der Balkon | → | *auf dem* |

Wo bist du?

Ich bin hier, …

## 7 Bei mir zu Hause [ Arbeitsblatt 15 ]

Wo sind Sie gern in Ihrer Wohnung? Wo ist Ihre Familie gern? Schreiben Sie mindestens fünf Sätze und vergleichen Sie mit Ihren Kolleginnen und Kollegen im Kurs.

Ich bin gern … |
Ich bin oft … |
Manchmal bin ich auch …

Mein Mann ist gern … |
Meine Frau ist gern … |
Die Kinder sind oft … |
Meine Tochter ist meistens … |
Mein Sohn … | …

*Bei mir zu Hause*
*…*
*…*

Einheit 7 «Wohnen»

## 8 So wohnt Astrid Koch

Lesen Sie den Text und beantworten Sie die Fragen.

**Meine Wohnung in Genf**

Ich wohne seit fünf Jahren in Genf. Meine Wohnung ist nicht sehr gross. Sie hat zweieinhalb Zimmer, Küche, Bad, eine separate Toilette und einen Balkon. Der Mietzins ist relativ tief: Ich bezahle 950 Franken im Monat für die Wohnung. Das ist günstig für die Stadt Genf. Die Wohnung liegt sehr zentral. Das ist ein Vorteil. Ich bin schnell im Stadtzentrum und an meinem Arbeitsplatz. Andere Vorteile: Das Wohnzimmer ist hell und gemütlich. Auch der Balkon ist schön. Nachteile: Das Schlafzimmer ist sehr klein. Auch die Küche ist relativ klein. Aber das macht nichts. Sind die Kolleginnen und Freunde hier, essen wir immer im Wohnzimmer. Da hat es für alle genug Platz. Es ist schön hier. Im Moment möchte ich keine andere Wohnung.

**Fragen zum Text**
1. Wo wohnt Astrid Koch?
2. Seit wann wohnt sie da?
3. Wie gross ist die Wohnung?
4. Wie teuer ist sie?
5. Wie liegt die Wohnung?
6. Wie ist das Wohnzimmer?
7. Wie ist das Schlafzimmer?
8. Wie ist die Küche?

*Antworten*
1. In ...
2. Seit ...
3. ...

## 9 Der Grundriss

Welcher Grundriss passt zum Text in Übung 8?

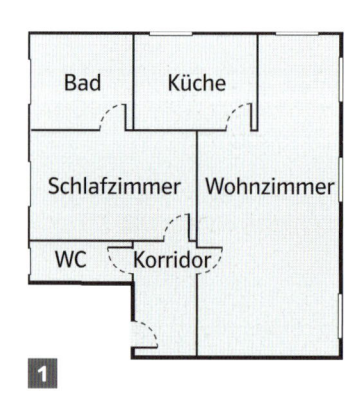

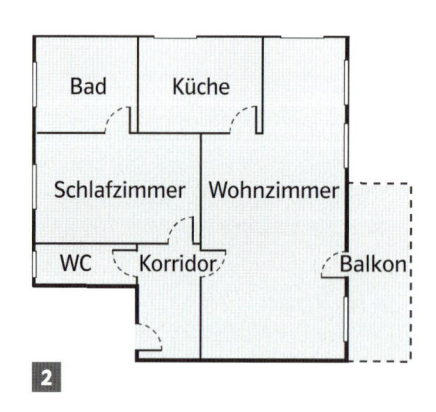

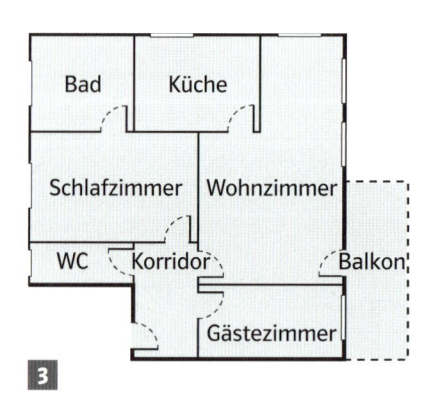

Zur 2½-Zimmer-Wohnung von Astrid Koch passt der Grundriss Nummer ............ .

## 10 Interview: Seit wann? [ Arbeitsblatt 16 ]

Fragen Sie Ihre Kolleginnen und Kollegen im Kurs und notieren Sie die Antworten.

**Fragen**
1. Seit wann leben Sie in der Schweiz?
2. Wo wohnen Sie? Seit wann wohnen Sie da?
3. Wo arbeiten Sie? Seit wann arbeiten Sie da?
4. Seit wann lernen Sie Deutsch?

*Interview mit ...*
*...*

**Seit wann?**
| | | |
|---|---|---|
| **der** Monat | → | seit **einem** Monat |
| drei Monate | → | seit drei Monaten |
| **das** Jahr | → | seit **einem** Jahr |
| drei Jahre | → | seit drei Jahren |
| **die** Woche | → | seit **einer** Woche |
| zwei Wochen | → | seit zwei Wochen |

## 11 Wörter kombinieren

Ergänzen Sie.

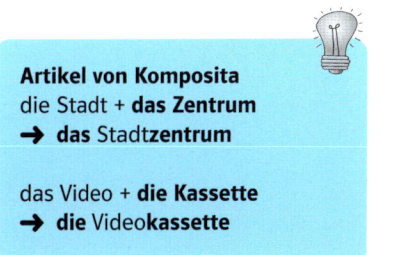

| Verb | + | Nomen | | |
|---|---|---|---|---|
| wohnen | + | das Haus | → | *das Wohnhaus* |
| wohnen | + | der Ort | → | *der* |
| waschen | + | die Maschine | → | |
| waschen | + | der Tag | → | |
| fernsehen | + | der Apparat | → | |

| Nomen | + | Nomen | | |
|---|---|---|---|---|
| die Kinder | + | das Zimmer | → | *das Kinderzimmer* |
| die Gäste | + | das Zimmer | → | *das* |
| der Keller | + | das Abteil | → | |
| der Estrich | + | das Abteil | → | |
| die Stadt | + | das Zentrum | → | |
| die Wörter | + | das Buch | → | |
| der Kaffee | + | die Maschine | → | |
| der Brief | + | das Papier | → | |
| das Video | + | die Kassette | → | |

**Artikel von Komposita**
die Stadt + **das Zentrum**
→ **das** Stadt**zentrum**

das Video + **die Kassette**
→ **die** Video**kassette**

Einheit 7 «Wohnen»

# Einheit 7

## Eine Wohnung suchen [ Kursbuch S. 72 ]

### 12 Abkürzungen in Wohnungsinseraten [ Arbeitsblatt 17 ]

Verstehen Sie die Abkürzungen? Was passt zusammen? Arbeiten Sie zu zweit.

| | | | | | |
|---|---|---|---|---|---|
| 1 | kl. | a | 450 Franken pro Monat | 1 = | e |
| 2 | möbl. | b | mit Balkon | 2 = | |
| 3 | 1-Zr-Whg. | c | ab sofort | 3 = | |
| 4 | im 1. OG | d | Ein-Zimmer-Wohnung | 4 = | |
| 5 | im 2. Stock | e | klein | 5 = | |
| 6 | m. Balkon | f | exklusive Nebenkosten | 6 = | |
| 7 | ruh. Lage | g | Mietzins | 7 = | |
| 8 | ab sof. | h | im ersten Obergeschoss | 8 = | |
| 9 | MZ | i | im zweiten Stock | 9 = | |
| 10 | Fr. 450.– p. Mt. | k | ruhige Lage | 10 = | |
| 11 | exkl. NK | l | möbliert | 11 = | |

Zürich-Schwamendingen
**kl. möbl. 1-Zr-Whg.**
im 1. OG, m. Balkon, ruh. Lage,
ab sof. MZ Fr. 910.– exkl. NK.
Tel. 079 400 59 58

### 13 Informationen aus Inseraten picken [ Arbeitsblatt 18 ]

Lesen Sie die Inserate und ergänzen Sie die Tabelle.

Zu vermieten in **CHUR**/Lacuna
ab sofort oder nach Vereinbarung
schöne, sonnige
**2½-Zimmer-Wohnung**
im Parterre mit Gartensitzplatz.
Miete Fr. 1'050.– exkl NK
Tel./Fax 081 353 89 26  **1**

**Rickenstrasse, St. Gallen**
Zu vermieten moderne
**4½-Zimmer-Wohnung**
Ruhig, sonnig, Quartierstrasse
Wohnküche, Doppellavabo
Fr. 1'350.– inkl. NK
Tel. 071/461 17 12 (ab 19 Uhr)  **2**

Zu vermieten ab Januar in Basel
**1-Zi.-Studiowohnung**
Nähe Berufsschule.
Mit Kochnische, Dusche, Lift.
Fr. 705.– plus Fr. 85.– NK
Telefon 061/272 13 23  **3**

**Guggistrasse, Stadt Luzern**
Ab April zu vermieten
**3½-Zimmer-Wohnung**
Hell, ruhig, grosse Küche
MZ Fr. 1'390.– exkl. NK
Auskunft unter 041/ 342 16 00  **4**

**Selektiv lesen**
Inserate lesen und verstehen,
das heisst Informationen picken.

| | Stadt | Zimmer | Mietzins | Ab wann? | Auskunft |
|---|---|---|---|---|---|
| 1 | Chur | 2½ | Fr. 1'050.– exkl. NK | Ab | Tel. |
| 2 | | | | | |
| 3 | | | | | |
| 4 | | | | | |

## 14 Projekt: Wohnungen suchen

Arbeiten Sie mit Inseraten in lokalen Zeitungen oder mit Inseraten im Internet.

**Frau** sucht
**1-Zimmer-Wohnung**
- Nähe Bus oder Bahnhof
- MZ bis Fr. 1'100.–
- gerne mit Balkon

**A**

**Familie** (4 Personen) sucht
**Wohnung**
- Miete max. Fr. 1'900.–
- ab sof. oder n. Vereinbarung
- gerne mit Balkon oder Garten

**B**

**Mann** sucht
**Zimmer**
- m. Dusche und Kochgelegenheit
- Mietzins maximal Fr. 800.–
- ab sof. oder n. Vereinbarung

**C**

**Variante 1: Zeitungen**
→ Bringen Sie lokale Zeitungen in den Deutschkurs.
→ Suchen Sie darin die Seiten mit den Wohnungs-inseraten.
→ Suchen Sie dann zu zweit Wohnungen für die Personen A, B oder C.
→ Markieren Sie die passenden Wohnungen für diese Personen oder schneiden Sie die Inserate aus.
→ Wer findet die besten Wohnungen für die Frau A, für die Familie B und für den Mann C?

**Variante 2: Internet**
→ Suchen Sie für die Personen A, B und C passende Wohnungsinserate im Internet.
→ Wer im Kurs hat schon Erfahrung mit der Wohnungssuche über Internet? Fragen Sie Ihre Kolleginnen und Kollegen.

## 15 Dialog am Telefon [ Arbeitsblatt 19 und 20 ]

Ordnen Sie den Dialog. Lesen Sie dann den Dialog zu zweit vor.

▶ Immo AG, Scala.

▶ Grüezi, Frau Pereira.

▶ Es tut mir leid, die Wohnung ist schon vermietet.

▶ Wir inserieren nächsten Monat neue 2-Zimmer-Wohnungen. Möchten Sie dann noch einmal anrufen?

▶ Bitte, gern geschehen. Auf Wiederhören, Frau Pereira.

• Auf Wiederhören, Frau Scala.

• Guten Tag, Frau Scala. Mein Name ist Pereira.

• Schade!

• Ich interessiere mich für die 2-Zimmer-Wohnung im Lorraine-Quartier in Bern. Ist die Wohnung noch frei?

• Ja, gern, das mache ich. Vielen Dank für die Auskunft.

**3013 Bern – Lorraine-Quartier**
per sofort oder nach Vereinbarung
zu vermieten eine grosse und helle
**2-Zimmer-Wohnung**
ohne Balkon, mit Lift.
Mietzins Fr. 1'120.– + NK/HK Fr. 205.–

**IMMO AG**
Tel. 031 368 14 10
Frau Scala (zu Bürozeiten)

*Dialog am Telefon*
▶ *Immo AG, Scala.*
• *Guten Tag, ...*
▶ *...*

## 16 Quadratmeter

Lesen Sie und sprechen Sie. Üben Sie zu zweit.

**Man sagt**
«Achtzig Quadratmeter»
«… Quadratmeter»

**Man schreibt**
Wohnfläche: 80 **m²**
Zimmergrösse: 12 **m²**

**Wie viele Quadratmeter?**

| | | | |
|---|---|---|---|
| 50 m² | 12 m² | 100 m² | 70 m² |
| 55 m² | 24 m² | 110 m² | 83 m² |
| 60 m² | 36 m² | 120 m² | 96 m² |
| 65 m² | 48 m² | 130 m² | 109 m² |
| 70 m² | 60 m² | 140 m² | 122 m² |
| 75 m² | 72 m² | 150 m² | 135 m² |
| 80 m² | 84 m² | 160 m² | 148 m² |

…

## 17 Wie heisst der Plural? [ Arbeitsblatt 21 ]

Wo passen die Titel? Ergänzen Sie und notieren Sie danach die Pluralformen der Nomen.

Geld | Geografie | ~~Personen~~ | Zeit

**1 Personen**
das Kind ⟨-er⟩
die Frau ⟨-en⟩
der Mann ⟨¨-er⟩
die Tochter ⟨¨⟩
der Sohn ⟨¨-e⟩
die Kollegin ⟨-nen⟩
der Kollege ⟨-en⟩
die Freundin ⟨-nen⟩
der Freund ⟨-e⟩
der Gast ⟨¨-e⟩

**2**
die Uhr ⟨-en⟩
die Stunde ⟨-en⟩
der Tag ⟨-e⟩
die Woche ⟨-en⟩
der Monat ⟨-e⟩
das Jahr ⟨-e⟩
die Öffnungszeit ⟨-en⟩
die Arbeitszeit ⟨-en⟩

**3**
die Stadt ⟨¨-e⟩
die Hauptstadt ⟨¨-e⟩
der Kanton ⟨-e⟩
die Region ⟨-en⟩
das Land ⟨¨-er⟩
der Kontinent ⟨-e⟩
die Distanz ⟨-en⟩

**4**
der Franken ⟨-⟩
der Rappen ⟨-⟩
die Münze ⟨-en⟩
die Zehnernote ⟨-en⟩
der Preis ⟨-e⟩
die Rechnung ⟨-en⟩
der Einzahlungsschein ⟨-e⟩

*1 Personen*
das Kind    die Kinder
…           …

## 18 Ping-Pong: Nomen im Singular und im Plural

Wählen Sie eine Wortgruppe aus Übung 17 und üben Sie zu zweit.

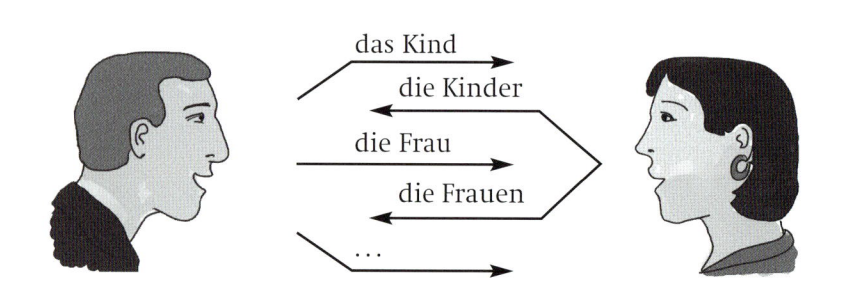

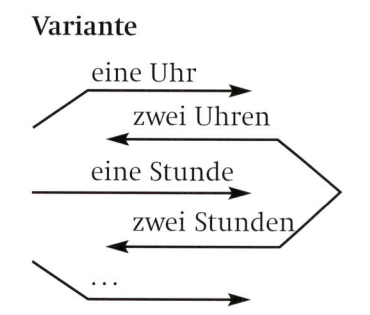

das Kind →
← die Kinder
die Frau →
← die Frauen
…

**Variante**
eine Uhr →
← zwei Uhren
eine Stunde →
← zwei Stunden
…

# Nachbarn [ Kursbuch S. 75 ]

## 19 Wer wohnt hier?

Was meinen Sie? Diskutieren Sie in Gruppen.

→ Wer wohnt hier?
→ Sind das Frauen oder Männer?
→ Sind das Familien?
→ Woher kommen die Leute?
→ Welche Sprachen sprechen sie?
→ Wer arbeitet hier?
→ Was verkauft die Firma Radio-Steiger?
→ Was importiert die Firma Gonzales & Co.?

Hier wohnt …

Hier wohnt eine Familie.

## 20 Meine Nachbarn in der Schweiz

Kreuzen Sie an und diskutieren Sie im Kurs.

| Das mache ich … | manchmal | oft | nie |
|---|---|---|---|
| 1  Ich grüsse meine Nachbarn. | ☐ | ☐ | ☐ |
| 2  Ich spreche mit meinen Nachbarn im Treppenhaus. | ☐ | ☐ | ☐ |
| 3  Ich trinke mit meinen Nachbarn Kaffee. | ☐ | ☐ | ☐ |
| 4  Ich lade meine Nachbarn zum Essen ein. | ☐ | ☐ | ☐ |
| 5  Ich bin bei meinen Nachbarn zu Besuch. | ☐ | ☐ | ☐ |
| 6  Ich koche zusammen mit meinen Nachbarn. | ☐ | ☐ | ☐ |
| 7  Ich hüte die Kinder von meinen Nachbarn. | ☐ | ☐ | ☐ |
| 8  Ich lerne Deutsch mit meinen Nachbarn. | ☐ | ☐ | ☐ |

## 21 Nachbarn in Ihrem Herkunftsland

Was machen Nachbarn in Ihrem Herkunftsland zusammen?
Schreiben Sie eine Liste und vergleichen Sie im Kurs.

miteinander sprechen | zusammen Kaffee trinken | zusammen Radio hören | zusammen fernsehen | Kinder hüten | zusammen kochen | zusammen essen | …

*Das machen Nachbarn in …*
*Sie …*

# Einheit 7

## Sprechen, sprechen, sprechen

### L1 Sprechen üben

Was machen Sie schon? Was möchten Sie mehr üben?
Kreuzen Sie an und vergleichen Sie im Kurs.

| Im Deutschkurs | Das mache ich oft | Das möchte ich mehr üben |
|---|---|---|
| 1 Sätze von der CD hören und mitsprechen. | ☐ | ☐ |
| 2 Dialogstreifen ordnen und zu zweit lesen. | ☐ | ☐ |
| 3 Mit Sprechkarten Dialoge spielen. | ☐ | ☐ |

| Ausserhalb vom Kurs | Das mache ich oft | Das möchte ich mehr üben |
|---|---|---|
| 4 Mit meinen Nachbarn auf Deutsch sprechen. | ☐ | ☐ |
| 5 Mit Arbeitskollegen auf Deutsch sprechen. | ☐ | ☐ |
| 6 ........................................... | ☐ | ☐ |

### L2 Sprechtraining: «Entschuldigen Sie, bitte, ich …» [ Arbeitsblatt 22 bis 24 ]

Wie möchten Sie die Situation üben? Wählen Sie eine Variante. Diskutieren Sie dann im Kurs:
Was ist schwierig? Was geht im Kurs gut und was geht ausserhalb vom Kurs gut?

**Situation**
Sie machen am Abend eine Pizza und sehen: Sie haben kein Salz zu Hause. Die Läden sind schon geschlossen. Sie können kein Salz mehr kaufen.
Fragen Sie eine Nachbarin oder einen Nachbarn. Vielleicht kann sie oder er helfen.

**Varianten im Deutschkurs**

→ Dialogstreifen ordnen und zu zweit lesen (Arbeitsblatt 22)

→ Dialog mit der Partnerkarte im Kurs spielen (Arbeitsblatt 23)

→ Situation im Kurs frei spielen (Arbeitsblatt 24)

**Varianten ausserhalb vom Deutschkurs**

→ Nachbarn um etwas bitten (zum Beispiel um Salz)

→ Ein anderes kurzes Gespräch mit Nachbarn. Zum Beispiel:

........................................................................

# Den Haushalt machen [ Kursbuch S. 80 ]

## 1 Freizeit und Arbeit zu Hause [ Arbeitsblatt 7 ]

Ordnen Sie die Wörter. Was ist Freizeit, was ist Arbeit zu Hause? Notieren Sie. Vergleichen Sie im Kurs.

fernsehen | telefonieren | einkaufen | träumen | eine CD hören | abtrocknen | einen Brief schreiben | vorlesen | das Bett machen | bügeln | das WC putzen | aufräumen | staubsaugen | Tee trinken | ein Formular ausfüllen | Leute einladen | Zeitung lesen | Abfallsäcke wegtragen | Wäsche waschen | kochen

| Freizeit | Arbeit zu Hause |
|---|---|
| | |

## 2 Grammatik im Text

Markieren Sie in den Sätzen 2 bis 4 die Verbteile wie im Beispiel und ergänzen Sie den Infinitiv.

**Am Samstag macht Familie Nogueira den Haushalt zusammen.**

1 Mutter und Tochter ⟨räumen⟩ das Wohnzimmer ⟨auf.⟩     *auf | räumen*

2 Die Söhne räumen das Kinderzimmer auf.

3 Auch der Vater hilft am Samstag im Haushalt mit.

4 Er trägt die Abfallsäcke und das Altpapier weg.

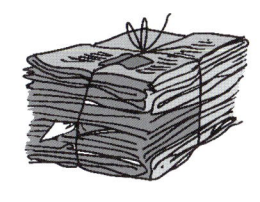

Einheit 8 «Haushalt»

## 3 Grammatik: Trennbare Verben konjugieren [ Arbeitsblatt 8 ]

Ergänzen Sie die Tabellen.

|  | aufräumen | fernsehen |
|---|---|---|
| **Singular** (Sg) | ich *räume auf* | ich *sehe fern* |
|  | du | du |
|  | er | er |
|  | sie | sie |
| **Plural** (Pl) | wir | wir |
|  | ihr | ihr |
|  | sie | sie |
| **formell** (Sg + Pl) | Sie | Sie |

wie «sehen»
→ fernsehen

## 4 Ping-Pong: Trennbare Verben [ Arbeitsblatt 9 und 10 ]

Üben Sie zu zweit die Konjugation von trennbaren Verben.

abwaschen | anfangen | anrufen | aufhören | aufräumen | aufstehen | einkaufen | einladen | einschlafen | fernsehen | mithelfen | mitlesen | nachsprechen | vorlesen | wegtragen | …

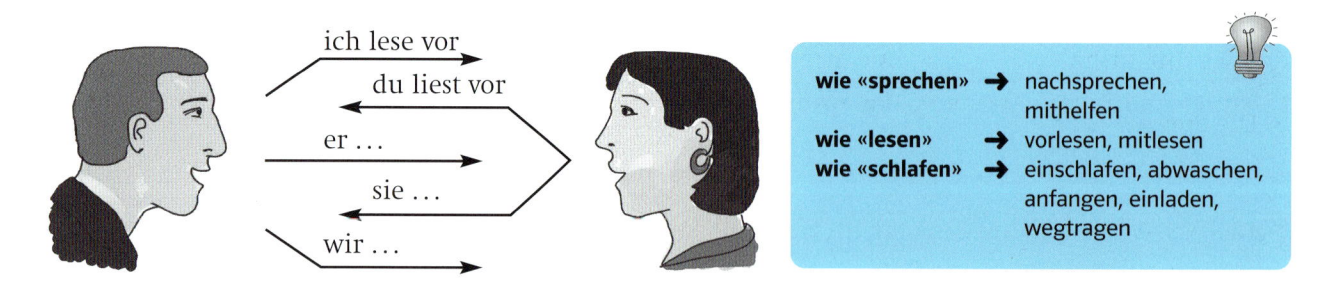

ich lese vor
du liest vor
er …
sie …
wir …

wie «sprechen» → nachsprechen, mithelfen
wie «lesen» → vorlesen, mitlesen
wie «schlafen» → einschlafen, abwaschen, anfangen, einladen, wegtragen

## 5  Ein Mittwoch im Leben von Márcia (1)

Markieren Sie die Verben und notieren Sie den Infinitiv.

**Am Mittwochmorgen**

1  Am Mittwochmorgen steht Márcia wie jeden Tag um 20 nach 6 auf.  *aufstehen*

2  Sie trinkt eine Ovomaltine und isst ein Stück Brot mit Konfitüre.  ............  ............

3  Sie macht schnell und geht um 7 Uhr aus dem Haus.  ............  ............

4  Um 20 nach 7 fängt die Schule an.  ............

5  Um Viertel vor 12 hört der Unterricht auf.  ............

**Am Mittwochmittag**

1  Nach der Schule geht sie nach Hause.  ............

2  Sie kauft unterwegs das Mittagessen ein.  ............

3  Zu Hause isst sie mit Alexandre zusammen zu Mittag.  ............

## 6  Ein Mittwoch im Leben von Márcia (2)

Ergänzen Sie die Sätze.

**Am Mittwochnachmittag**

1  Am Nachmittag *macht* Márcia Hausaufgaben.  ~~machen~~

   und sie ............ Deutsch.  **lernen**

2  Etwa um 3 Uhr ............ sie ihre Freundin Pamela ............ .  **anrufen**

3  Die Freundinnen ............ lange.  **telefonieren**

**Am Mittwochabend**

1  Nach dem Abendessen ............ sie in ihr Zimmer.  **gehen**

2  Sie ............ und ............ Musik.  **lesen | hören**

3  So um 10 Uhr ............ sie müde und sie ............ schlafen.  **sein | gehen**

4  Sie ............ sofort ............ .  **einschlafen**

## 7 Mit Sätzen spielen

Lesen Sie in Kleingruppen im Chor. Lesen Sie laut und leise.

( an | rufen )

Ich **rufe an**.
Ich **rufe** dich **an**.
Ich **rufe** dich morgen **an**.
Ich **rufe** dich morgen um zwei Uhr **an**.
Ich **rufe** dich ganz sicher morgen um zwei Uhr **an**.

( auf | räumen )

Ich **räume auf**.
Ich **räume** das Wohnzimmer **auf**.
Ich **räume** heute Nachmittag das Wohnzimmer **auf**.
Ich **räume** heute Nachmittag das Wohnzimmer und die Küche **auf**.
Ich **räume** heute Nachmittag das Wohnzimmer, die Küche und das Kinderzimmer **auf**.

## 8 Mein Arbeitstag

Ergänzen Sie die Sätze und lesen Sie im Kurs vor.

Ich …

Ich stehe um ............ Uhr auf.

Um ............ Uhr gehe ich aus dem Haus.

Ich komme um ............ Uhr am Arbeitsort an.

Die Arbeit fängt um ............ Uhr an.

Meistens mache ich von ............ bis ............ Uhr Mittagspause.

Am Nachmittag arbeite ich bis ............ Uhr. Danach fahre ich nach Hause.

Ich komme etwa um ............ Uhr zu Hause an.

# Letzte Woche [Kursbuch S. 82]

## 9 Perfektformen (1)

Ergänzen Sie die Tabellen. Arbeiten Sie in Gruppen und fragen Sie einander ab.

| Infinitiv | Perfektform |
|---|---|
| | **ge** ___ **t** |
| *machen* | hat gemacht |
| | hat geputzt |
| | hat geduscht |
| | hat gekauft |
| | hat gekocht |
| | hat gehört |
| | hat gelernt |
| | hat gelacht |
| | hat geträumt |
| | hat gefragt |
| | **ge** ___ **et** |
| *antworten* | hat geantwortet |
| | hat gearbeitet |
| | hat gewartet |

| Infinitiv | Perfektform |
|---|---|
| | ___ **t** |
| *telefonieren* | hat telefoniert |
| | hat buchstabiert |
| | hat korrigiert |
| | hat besucht |
| | hat erzählt |
| | **ge** ___ **t** |
| *einkaufen* | hat eingekauft |
| | hat abgeräumt |
| | hat aufgeräumt |
| | hat aufgehört |
| | hat ausgefüllt |

machen? — hat gemacht!
putzen? — hat …!

Einheit 8 «Haushalt»

# Viel gemacht [ Kursbuch S. 84 ]

## 10 Was schreibt Ilario?

Ergänzen Sie das E-Mail von Ilario.

eingerichtet | gemacht | geschlafen | habe | ~~hat~~

**Danke**

An: claudia.agostini@redwin.ch; manuel.blum@gmz.ch; a.tozzi@tin.it
Betreff: Danke

Liebe Freunde

Herzlichen Dank für eure Hilfe letzte Woche! Der Umzug mit euch zusammen *hat* Spass _____ .

Ich fühle mich hier schon ganz zu Hause. Ich _____ mich bequem _____ und die erste Nacht richtig gut _____ .

Bis bald!
Liebe Grüsse

Ilario

## 11 Was hat Ilario am Samstag gemacht? [ Arbeitsblatt 11 ]

Ordnen Sie die Wörter. Schreiben Sie Sätze. Arbeiten Sie zu zweit.

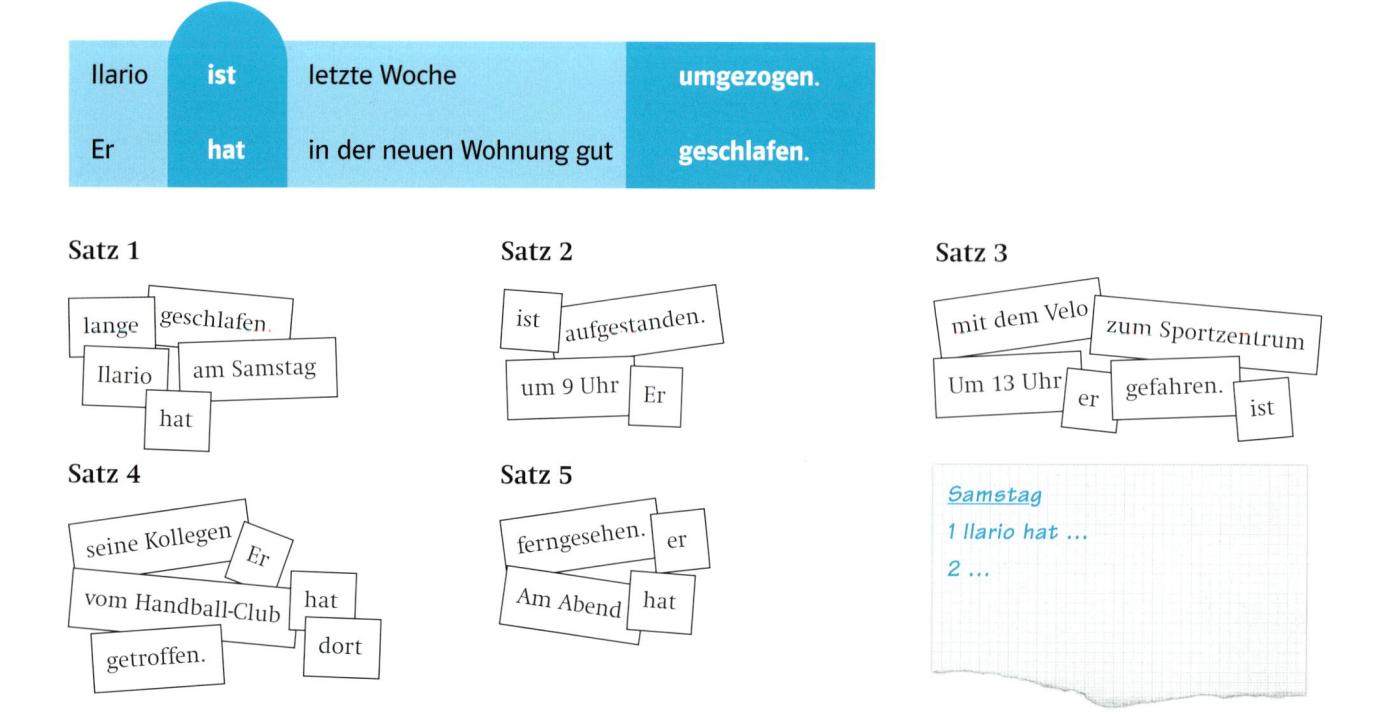

| Ilario | ist | letzte Woche | umgezogen. |
| Er | hat | in der neuen Wohnung gut | geschlafen. |

**Satz 1**
lange | geschlafen. | Ilario | am Samstag | hat

**Satz 2**
ist | aufgestanden. | um 9 Uhr | Er

**Satz 3**
mit dem Velo | zum Sportzentrum | Um 13 Uhr | er | gefahren. | ist

**Satz 4**
seine Kollegen | Er | vom Handball-Club | hat | getroffen. | dort

**Satz 5**
ferngesehen. | er | Am Abend | hat

*Samstag*
*1 Ilario hat …*
*2 …*

Einheit 8 «Haushalt»

## 12 Das Perfekt mit «sein»

Lesen Sie den Lerntipp und ergänzen Sie die Tabelle.

| Infinitiv | Perfekt mit «sein» | | |
|---|---|---|---|
| fahren | ich | bin | nach Bern gefahren |
| gehen | du | | ins Kino gegangen |
| kommen | er | | heute in den Kurs gekommen |
| mitkommen | sie | | mitgekommen |
| passieren | es | | viel passiert |
| aufstehen | wir | | heute früh aufgestanden |
| einschlafen | ihr | | gestern spät eingeschlafen |
| bleiben | sie | | zu Hause geblieben |
| sein | Sie | | am See gewesen |

**Diese Verben bilden das Perfekt mit «sein»:**
kommen, gehen, fahren, bleiben, einschlafen, aufstehen, passieren, sein …
**Tipp: Am besten lernen Sie diese Verben speziell. Dann ist das Perfekt kein Problem. Viel Erfolg!**

kommen: ist gekommen

fahren: ist gefahren

## 13 «Haben» oder «sein»?

Ergänzen Sie den Text.

**Unterwegs zur Arbeit**

1 Ich **bin** heute sehr früh aufgestanden. Ich _____ nicht gefrühstückt, ich _____ nur schnell eine Tasse Tee getrunken. Dann _____ ich aus dem Haus gegangen.

2 Ich _____ mit der S-Bahn zur Arbeit gefahren. In der S-Bahn _____ ich meine Kollegin getroffen. Wir _____ nicht viel gesprochen. Wir waren beide noch zu müde.

3 Am Arbeitsplatz _____ wir zuerst unsere Computer angestellt. Ich _____ die neuen E-Mails gelesen und meine Kollegin _____ vier Briefe geschrieben.

4 Wir _____ gut vorangekommen. Um 10 Uhr _____ wir zusammen unseren Pausenkaffee getrunken und _____ einander vom letzten Wochenende erzählt.

Einheit 8 «Haushalt» 81

## 14 Perfektformen (2)

Ergänzen Sie die Tabellen. Arbeiten Sie zu zweit und fragen Sie einander ab.

| Infinitiv | Perfektform |
|---|---|
| | **ge___en** |
| *essen* | hat gegessen |
| | hat gelesen |
| | hat gesehen |
| | hat gewaschen |
| | hat geschlafen |
| *trinken* | hat getrunken |
| | hat gefunden |
| | hat geholfen |
| | hat genommen |
| | hat gesprochen |
| | hat getroffen |
| | hat geschrieben |
| *fahren* | ist gefahren |
| | ist gekommen |
| | ist gegangen |
| | **___en** |
| *beginnen* | hat begonnen |
| | hat vergessen |
| | hat verstanden |
| | hat verloren |

| Infinitiv | Perfektform |
|---|---|
| | **ge___en** |
| *fernsehen* | hat ferngesehen |
| | hat angefangen |
| | hat angerufen |
| | hat mitgeholfen |
| | ist umgezogen |
| | ist aufgestanden |
| | ist eingeschlafen |

Essen? — Ich habe gegessen!

Lesen? — Ich habe gelesen!

…

## 15 Was haben Sie heute gemacht? [ Arbeitsblatt 12 ]

Schreiben Sie heute Abend eine Liste.
Vergleichen Sie am nächsten Kurstag mit Ihren Kolleginnen und
Kollegen im Kurs. Wer hat die längste Liste geschrieben?

gearbeitet | in die Stadt gefahren |
eingekauft | gekocht | abgewaschen |
in den Deutschkurs gegangen | gelacht |
Deutsch gesprochen | Musik gehört |
ferngesehen | …

*Heute habe ich viel gemacht*
ich habe …     ich bin …
…              …              …              …

## 16 Grammatik und Poesie

Ergänzen Sie und lesen Sie vor.

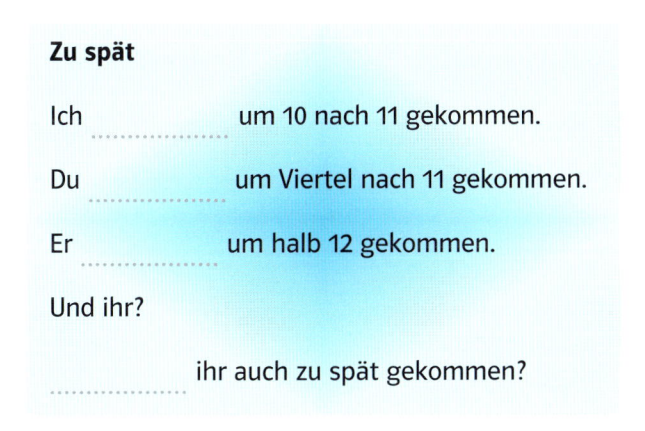

**Zu spät**

Ich _____ um 10 nach 11 gekommen.

Du _____ um Viertel nach 11 gekommen.

Er _____ um halb 12 gekommen.

Und ihr?

_____ ihr auch zu spät gekommen?

**Alles in Ordnung**

Ich _____ aufgeräumt.

Du _____ aufgeräumt.

Sie _____ aufgeräumt.

Und wer _____ so ein Chaos gemacht?

Wer auch immer, jetzt ist alles wieder in Ordnung.

## 17 Mit Sätzen spielen

Lesen Sie laut zu zweit und in Gruppen.

ich | du | er | sie

… gespielt
… mit den Kindern gespielt
… gestern mit den Kindern gespielt
… gestern den ganzen Tag mit den Kindern gespielt

wir | ihr | sie | Sie

… mit dem Bus gefahren
… mit dem Bus zur Arbeit gefahren
… wie immer mit dem Bus zur Arbeit gefahren
… gestern wie immer mit dem Bus zur Arbeit gefahren

ich …
du …
er …
sie …

Einheit 8

# Zu Hause Deutsch lernen

## L1 Zu Hause Deutsch lernen: Wo und wann? [ Arbeitsblatt 13 ]

Wo lernen Sie zu Hause Deutsch? Wann lernen Sie? Sprechen Sie mit Ihren Kolleginnen und Kollegen im Kurs und notieren Sie die Informationen auf dem Arbeitsblatt.

in der Küche | im Wohnzimmer | im Schlafzimmer | auf dem Balkon | am Nachmittag | meistens am … | immer … | manchmal … | vor dem Deutschkurs | nach dem Deutschkurs | am Wochenende | jeden Tag | nie | …

> Wo lernen Sie zu Hause Deutsch?

> Wann lernen Sie zu Hause Deutsch?

> Ich lerne meistens in der Küche, manchmal auch im Wohnzimmer. Und Sie?

> Meistens am Morgen, manchmal auch am Abend. Und Sie?

> Ich …

> Ich …

## L2 Wer lernt bei Ihnen zu Hause Deutsch?

Kreuzen Sie an und erzählen Sie im Kurs.

- ☐ Meine Frau.
- ☐ Meine Tochter.
- ☐ Meine Mutter.
- ☐ Meine Schwiegermutter.
- ☐ Meine Tante.
- ☐ …
- ☐ Meine Nachbarin.

- ☐ Mein Mann.
- ☐ Mein Sohn.
- ☐ Mein Vater.
- ☐ Mein Schwiegervater.
- ☐ Mein Onkel.
- ☐ …
- ☐ Mein Nachbar.

- ☐ Nur ich lerne Deutsch.

> Bei mir zu Hause lernen meine Kinder und ich Deutsch.

> Bei mir zu Hause …

## L3 Den Haushalt machen und Deutsch lernen

Testen Sie den Lerntipp zu Hause. Erzählen Sie dann im Deutschkurs, wie es war.

> Ich wasche ab. Dann gehe …

> Jetzt räume ich auf … und dann trinke ich einen Kaffee.

> Denken Sie manchmal auf Deutsch. Fragen Sie: Was mache ich? Und denken Sie die Antwort auf Deutsch. So lernen Sie neue Wörter und Sätze gut. So lernen Sie leicht.

84  Einheit 8 «Haushalt»

# Essen und Trinken [ Kursbuch S. 90 ]

## 1 Nahrungsmittel und Getränke

Was passt wo? Ergänzen Sie die Titel.

~~Getreideprodukte~~ | Fleisch und Wurst | Früchte | Gemüse | Getränke | Milchprodukte | Süssigkeiten und Snacks

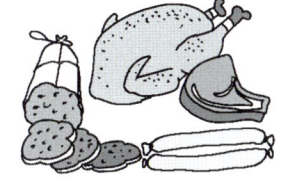

*Getreideprodukte*

Reis, Nudeln, Mais, Vollkornbrot

Käse, Joghurt, Milch, Quark

Poulet, Bratwurst, Kotelett, Salami

Fruchtsaft, Kaffee, Mineralwasser, Tee

Bananen, Trauben, Orangen, Äpfel

Tomaten, Gurken, Karotten, Lauch

Kuchen, Pommes-Chips, Schokolade, Salznüsse

## 2 Singular- und Pluralformen

Ergänzen Sie die Listen. Übung 1 hilft.

| Singular | Plural |
|---|---|
| das *Ei* | die Eier |
| das Produkt | |
| das | die Brote |
| das | die Joghurts |
| die | die Würste |
| das | die Poulets |
| das | die Koteletts |
| das Getränk | |

| Singular | Plural |
|---|---|
| der | die Säfte |
| die Frucht | |
| der Apfel | |
| die Traube | |
| die Tomate | |
| die Karotte | |
| der Snack | |
| die Nuss | |

Einheit 9 «Gesundheit» 85

Einheit 9

## 3  Der Einkauf

Was ist in der Einkaufstasche und auf dem Tisch? Notieren Sie.

**In der Einkaufstasche**

..........................................

..........................................

..........................................

..........................................

..........................................

**Auf dem Tisch**

*Kartoffeln*

..........................................

..........................................

..........................................

..........................................

## 4  Projekt: Lebensmittelpreise  [ Arbeitsblatt 15 ]

Kennen Sie die Preise von Lebensmitteln und Getränken? Was meinen Sie: Was kostet zum Beispiel ein Kilogramm Kartoffeln oder ein Liter Milch? Diskutieren Sie im Kurs.

→ Schreiben Sie eine Liste mit wichtigen Lebensmitteln und Getränken. Arbeiten Sie zu zweit oder in Gruppen.

→ Überlegen Sie: Was kosten diese Produkte? Notieren Sie die geschätzten Preise.

→ Gehen Sie in den nächsten Tagen in ein Lebensmittelgeschäft oder auf einen Markt.

→ Suchen Sie dort die Produkte aus Ihrer Liste und finden Sie die Preise von diesen Produkten heraus.

→ Vergleichen Sie Ihre Preise und die wirklichen Preise im Geschäft oder auf dem Markt. Wie gut haben Sie die Lebensmittelpreise gewusst?

→ Diskutieren Sie zum Schluss die Ergebnisse im Kurs: Wie gross sind die Preisunterschiede in verschiedenen Geschäften und auf dem Markt?

*Was kosten 500 Gramm Erdbeeren?*

## 5 Frühstück, Mittagessen und Abendessen [ Arbeitsblatt 16 ]

Was haben Sie in Ihrem Herkunftsland normalerweise zum Frühstück, zum Mittagessen und zum Abendessen gegessen und getrunken? Was essen und trinken Sie in der Schweiz? Kreuzen Sie an. Vergleichen Sie dann in Gruppen.

a = *in* ............................................................

b = in der Schweiz

> In … habe ich zum Abendessen meistens … gegessen. Manchmal auch …

|  | Zum Frühstück a | Zum Frühstück b | Zum Mittagessen a | Zum Mittagessen b | Zum Abendessen a | Zum Abendessen b |
|---|---|---|---|---|---|---|
| Suppe | ☐ | ☐ | ☐ | ☐ | ☐ | ☐ |
| Brot | ☐ | ☐ | ☐ | ☐ | ☐ | ☐ |
| Reis | ☐ | ☐ | ☐ | ☐ | ☐ | ☐ |
| Mais | ☐ | ☐ | ☐ | ☐ | ☐ | ☐ |
| Kartoffeln | ☐ | ☐ | ☐ | ☐ | ☐ | ☐ |
| Nudeln | ☐ | ☐ | ☐ | ☐ | ☐ | ☐ |
| Käse | ☐ | ☐ | ☐ | ☐ | ☐ | ☐ |
| Gemüse | ☐ | ☐ | ☐ | ☐ | ☐ | ☐ |
| Fleisch | ☐ | ☐ | ☐ | ☐ | ☐ | ☐ |
| Fisch | ☐ | ☐ | ☐ | ☐ | ☐ | ☐ |
| Früchte | ☐ | ☐ | ☐ | ☐ | ☐ | ☐ |
| … | ☐ | ☐ | ☐ | ☐ | ☐ | ☐ |
| Wasser | ☐ | ☐ | ☐ | ☐ | ☐ | ☐ |
| Tee | ☐ | ☐ | ☐ | ☐ | ☐ | ☐ |
| Kaffee | ☐ | ☐ | ☐ | ☐ | ☐ | ☐ |
| Wein | ☐ | ☐ | ☐ | ☐ | ☐ | ☐ |
| … | ☐ | ☐ | ☐ | ☐ | ☐ | ☐ |

## 6 Wer isst Fleisch? Wer isst Fisch? [ Arbeitsblatt 17 ]

Fragen Sie Ihre Kolleginnen und Kollegen im Kurs, machen Sie eine Statistik und notieren Sie das Ergebnis.

> Essen Sie jeden Tag Fleisch?

> Ich esse kein Fleisch. Ich bin Vegetarierin.

> Nein, nur etwa zweimal pro Woche.

Einheit 9 «Gesundheit»

# Einheit 9

## 7 Koch-Club: Das braucht man für eine Rösti

Was passt zusammen? Nummerieren Sie die Wörter und erzählen Sie.

**Zutaten**

......... = Kartoffeln

......... = Salz und Pfeffer

......... = Butter

**Küchengeräte**

......... = eine Röstiraffel

7 = eine Bratpfanne

......... = ein Küchenmesser

......... = einen Teller

Für eine Rösti braucht man ...

## 8 So macht man eine Rösti

Lesen Sie das Rezept und schauen Sie die Bilder an. Was passt zusammen? Nummerieren Sie die Bilder.

**Zutaten für 4 Personen**
1 kg Kartoffeln
100 g Butter
etwas Salz und Pfeffer

**Zubereitung**
1. Kartoffeln waschen und mit Schale in heissem Wasser kochen
2. Kartoffeln abkühlen lassen, schälen und dann die Kartoffeln raffeln (mit einer Röstiraffel)
3. Mit etwas Salz und Pfeffer würzen
4. Butter in die Bratpfanne geben und erhitzen
5. Kartoffeln in die heisse Butter geben, in der Bratpfanne verteilen und 15 bis 20 Minuten anbraten
6. Die Kartoffeln in der Bratpfanne zu einer Rösti formen und noch einmal 10 bis 15 Minuten braten
7. Einen Teller auf die Pfanne legen und die Rösti wenden
8. Die Rösti wieder in die Pfanne geben und die andere Seite 5 bis 10 Minuten braten

**Fertig ist die Rösti. «En Guete»!**

Bild A = Text 1

Bild B = Text .........

Bild C = Text .........

Bild D = Text .........

Bild E = Text .........

Bild F = Text .........

Bild G = Text .........

Bild H = Text .........

In Kochrezepten stehen die Verben meistens im Infinitiv.

Einheit 9 «Gesundheit»

## 9 Ein Rezept erklären

Lesen Sie und nummerieren Sie die Sätze 3 bis 7 in der richtigen Reihenfolge.

1. Zuerst waschen Sie die Kartoffeln.

2. Dann kochen Sie die Kartoffeln mit der Schale in heissem Wasser, bis sie weich sind.

....... Dann geben Sie die Kartoffeln in die heisse Butter und verteilen sie gut.

4. Jetzt nehmen Sie die Röstiraffel und raffeln die Kartoffeln.

....... Sie lassen die Kartoffeln abkühlen. Dann schälen Sie die Kartoffeln.

....... Dann geben Sie etwas Salz und Pfeffer über die Kartoffeln.

....... Danach nehmen Sie die Bratpfanne und machen darin die Butter heiss.

8. Nach 15 bis 20 Minuten formen Sie die Kartoffeln in der Pfanne zu einer Rösti. Lassen Sie die Kartoffeln 10 bis 15 Minuten weiterbraten, bis sie unten goldbraun sind.

9. Danach wenden Sie die Rösti. Das machen Sie am besten so: Sie nehmen einen Teller, legen den Teller über die Pfanne und wenden die Pfanne zusammen mit der Rösti.

10. Jetzt geben Sie die Rösti wieder in die Pfanne. Nach etwa 5 bis 10 Minuten sind die Kartoffeln auch auf der anderen Seite goldbraun.

> Eine Rösti kochen, das ist nicht schwer!
> Zuerst …
> Dann …
> Jetzt …
> Danach …

> Erklärt man ein Rezept, dann konjugiert man die Verben: Man braucht die du-Form (informell) oder die Sie-Form (formell).

## 10 Diskussion: Sprichwörter [ Arbeitsblatt 18 ]

→ Lesen Sie die Sprichwörter.

→ Welches Sprichwort finden Sie am besten?

→ Wer hat das gleiche Sprichwort gewählt?

→ Diskutieren Sie zu zweit oder zu dritt:
Was möchte das Sprichwort sagen?
Stimmt die Aussage oder stimmt sie nicht?
Was meinen Sie?

> 1 Hunger ist der beste Koch.
> 2 Der Appetit kommt beim Essen.
> 3 Ein voller Bauch studiert nicht gern.
> 4 Der Mensch lebt nicht von Brot allein.
> 5 Der Mensch ist, was er isst.
> 6 Altes Brot ist nicht hart – kein Brot, das ist hart.
> 7 Liebe geht durch den Magen.

Am besten finde ich Sprichwort Nr. ....... .

# Bewegung hält fit [ Kursbuch S. 92 ]

## 11 Wettkampf [ Arbeitsblatt 19 ]

Wer gewinnt? Welche Gruppe findet am meisten Antworten?

→ Bilden Sie Dreier- oder Vierergruppen.

→ Lesen Sie die Fragen. Jede Gruppe wählt eine Frage und sucht auf diese Frage Antworten.

→ Jede Gruppe hat dafür 5 Minuten Zeit. Sie können auch mit dem Wörterbuch arbeiten.

→ Nach 5 Minuten zählen Sie die Antworten.

→ Welche Gruppe hat am meisten Antworten gefunden?

→ Wiederholen Sie danach die Wettkampf-Übung mit einer neuen Frage.

**Viel Erfolg!**

a Was kann man draussen für die Fitness tun?

b Was kann man in den Bergen für die Fitness tun?

c Was kann man im Winter für die Fitness tun?

d Was kann man im Sommer für die Fitness tun?

e Was kann man drinnen in der Sporthalle spielen?

f Für welche Sportarten braucht man einen Ball?

g Für welche Sportarten braucht man ein Tor?

h Für welche Sportarten braucht man ein Netz?

## 12 So war das Leben von Herrn Immermüde [ Arbeitsblatt 20 ]

Ordnen Sie die Wörter und schreiben Sie die Sätze.

1 . | Herr Immermüde | Zehn Jahre | hat | nichts | gemacht

2 getrieben | hat | Sport | Er | . | keinen

3 ist | Velo | Er | gefahren | nie | .

4 nie | . | ist | schwimmen | Er | gegangen

5 Krafttraining | kein | Er | . | hat | gemacht

6 keine | gemacht | Gymnastik | Er | auch | . | hat

7 alles anders | plötzlich | Aber gestern | ! | war

*Herr Immermüde*
*1 Zehn …*
*2 …*

90  Einheit 9 «Gesundheit»

## 13 Gesundheitstest mit Diskussion [ Arbeitsblatt 21 ]

Machen Sie den Test und zählen Sie die Punkte zusammen. Wie ist das Resultat? Wie viele Punkte haben Ihre Kolleginnen und Kollegen im Kurs? Diskutieren Sie die Resultate im Kurs.

### Wie gesund leben Sie?

| | | Ja | Nein | Meine Punkte |
|---|---|---|---|---|
| | **Haben Sie gestern …** | | | |
| a | mehr als sechs Tassen Kaffee getrunken? | 0 | 1 | |
| b | viel Schokolade gegessen? | 0 | 1 | |
| c | viel Alkohol getrunken? | 0 | 1 | |
| d | mehr als zehn Zigaretten geraucht? | 0 | 1 | |
| e | Früchte gegessen? | 1 | 0 | |
| f | Mineralwasser oder Obstsaft getrunken? | 1 | 0 | |
| g | mindestens 1,5 Liter Flüssigkeit getrunken? | 1 | 0 | |
| | **Haben Sie gestern …** | | | |
| h | mindestens einmal gelacht? | 1 | 0 | |
| i | Sport getrieben? | 1 | 0 | |
| k | Gymnastik gemacht? | 1 | 0 | |
| l | immer den Lift genommen? | 0 | 1 | |
| m | mehr als drei Stunden ferngesehen? | 0 | 1 | |
| n | genug geschlafen? | 1 | 0 | |
| o | Deutsch gelernt? | 1 | 0 | |
| | **Sind Sie gestern …** | | | |
| p | zu Fuss zur Schule oder zur Arbeit gegangen? | 1 | 0 | |
| q | spazieren gegangen? | 1 | 0 | |
| r | Velo gefahren? | 1 | 0 | |
| s | immer zu Fuss Treppen gestiegen? | 1 | 0 | |
| t | früh aufgestanden? | 1 | 0 | |
| u | vor Mitternacht schlafen gegangen? | 1 | 0 | |
| | **Punkte total** | | | |

**Das Resultat**

**18–20 Punkte:**
Sie werden 100 Jahre alt!

**12–17 Punkte:**
Weiter so, dann bleiben Sie gesund!

**5–11 Punkte:**
Sie können mehr für Ihre Gesundheit tun!

**0–4 Punkte:**
Oje!

## 14 Die Prinzessin und der König

Sehen Sie die zwei Gesichter? Ergänzen Sie die Buchstaben und die Wörter.

**Die Prinzessin**

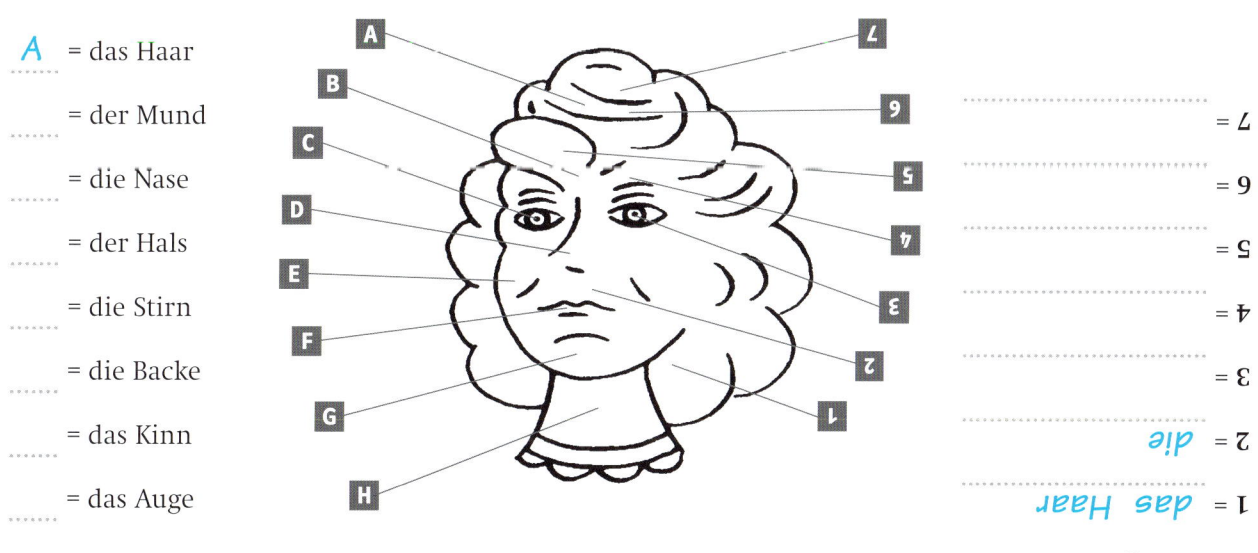

A = das Haar
.... = der Mund
.... = die Nase
.... = der Hals
.... = die Stirn
.... = die Backe
.... = das Kinn
.... = das Auge

**Der König**

1 = das Haar
2 = die ....
3 = ....
4 = ....
5 = ....
6 = ....
7 = ....

Einheit 9

# Grippe-Wetter [ Kursbuch S. 94 ]

## 15 Die Wetterprognose [ Arbeitsblatt 22 ]

Welcher Wetterbericht passt zum Bild? Notieren Sie.

gewitterhaft
18 bis 24° C **1**

bedeckt, Schneeregen
2 bis 5° C **2**

bewölkt, etwas Sonne
−1 bis 3° C **3**

sonnig
10 bis 24° C **4**

Zum Bild passt der Wetterbericht Nr. ........ .

**Temperaturen**
10° C «zehn Grad Celsius»
−10° C «minus zehn Grad»

…

## 16 Über das Wetter sprechen [ Arbeitsblatt 23 ]

Bilder und Dialoge: Was passt zusammen? Notieren Sie und schreiben Sie danach eigene «Wetter-Dialoge».

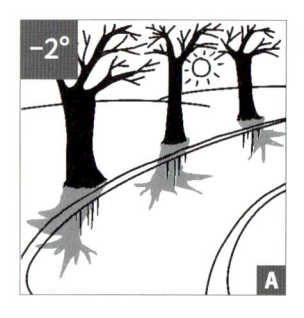

−2° **A**   +27° **B**   +14° **C**   +3° **D**

**1**
▶ Was für ein herrlicher Tag!
● Ja, jetzt haben wir richtig Sommer.
▶ Das Wetter ist ideal zum Schwimmen!

**2**
▶ Alles weiss! Das gefällt mir.
● Ja, ein richtig schöner Wintertag: kalt, aber sonnig.
▶ Ideal für einen Spaziergang im Schnee.

**3**
▶ Brrr, ist das kalt heute!
● Ja, aber zum Glück scheint die Sonne.

**4**
▶ Dieser Regen hört wohl nie mehr auf?
● Ja, seit drei Tagen regnet es ohne Pause.
▶ Einfach schrecklich!

Dialog 1 = Bild ........    Dialog 2 = Bild ........    Dialog 3 = Bild ........    Dialog 4 = Bild ........

92    Einheit 9 «Gesundheit»

## 17 Mit Sätzen spielen [ Arbeitsblatt 24 ]

Lesen Sie die Sätze im Chor. Lesen Sie leise, lesen Sie laut. Lesen Sie wie im Theater. Viel Vergnügen!

Er will gehen.
Er will arbeiten gehen.
Er will heute arbeiten gehen.
Er will heute wie immer arbeiten gehen.

Ich muss gehen.
Ich muss zur Arbeit gehen.
Ich muss jetzt zur Arbeit gehen.
Ich muss jetzt gleich zur Arbeit gehen.

Du darfst nicht gehen.
Du darfst nicht nach draussen gehen.
Du darfst heute nicht nach draussen gehen.
Du darfst heute den ganzen Tag nicht nach draussen gehen.

## 18 Ein Kind in der Schule krank melden [ Arbeitsblatt 25 ]

Lesen Sie den Dialog zu zweit. Spielen Sie danach den Dialog am Telefon. Die Sprechkarten helfen.

▶ Primarschule Oberfeld, Strebel.

● Guten Tag, Frau Strebel. Mein Name ist Shaquiri. Meine Tochter ist krank. Sie hat über 38 Grad Fieber. Ich glaube, sie hat Grippe. Sie kann heute leider nicht zur Schule kommen.

▶ Oh, das tut mir leid. Ich mache eine Notiz für die Klassenlehrerin und wünsche gute Besserung.

● Vielen Dank. Auf Wiederhören, Frau Strebel.

▶ Auf Wiederhören, Frau Shaquiri.

## 19 Sich am Arbeitsplatz krank melden [ Arbeitsblatt 26 und 27 ]

Schreiben oder Sprechen? Wählen Sie eine Variante und lösen Sie die Aufgabe.

**Welche Variante wählen Sie?**

☐ Ich möchte einen **Dialog schreiben**.  → Weiter mit **Arbeitsblatt 26**.

☐ Ich möchte einen **Dialog spielen**.  → Weiter mit **Arbeitsblatt 27**.

# Lernen mit Bewegung

## L1 Lerngymnastik [ Arbeitsblatt 28 ]

Üben Sie die Wörter für die Körperteile und das Gesicht. Arbeiten Sie in Gruppen: Ein Kollege liest vor, die anderen zeigen. Viel Vergnügen!

> Ich lese und Sie zeigen.
> Sind alle bereit? –
> Gut, es geht los!

> …
> Die linke Schulter

## L2 Mental fit: Gymnastik für den Kopf

Schauen Sie die Bilder an und lesen Sie. Welche Übung möchten Sie machen? Wählen Sie im Kurs. Danach liest die Kursleiterin oder eine Kollegin die gewählte Übung vor. Alle anderen machen die Übung. Machen Sie jeden Tag eine neue Übung. Sie können die Übungen auch wiederholen.

**A Die Acht**
Wir zeichnen mit der linken Hand eine Acht in die Luft. Die Acht liegt, wie auf dem Bild. Wir zeichnen die Acht 9-mal mit der linken Hand, dann 9-mal mit der rechten Hand und 9-mal mit beiden Händen.

Danach können wir gut denken, gut lesen und verstehen sowie auch gut schreiben.

Wir beginnen im Deutschkurs mit ........ .

**B Die Balance**
Wir legen die Finger der linken Hand hinter den Kopf. Dahin, wo Hals und Kopf zusammenkommen. Die rechte Hand legen wir auf den Bauch. Wir machen das 30 Sekunden lang. Dann wechseln wir die Hände.

Nachher sind wir frisch und fit.

**C Die positiven Punkte**
Die positiven Punkte sind auf der Stirn, zwischen Augenbrauen und Haaren. Wir legen die Finger auf diese Punkte. Wir schliessen die Augen 30 Sekunden lang.

Wir können nachher ruhig denken und gut lernen.

# Was fehlt dir denn? [ Kursbuch S. 100 ]

## 1 GROSS oder klein? [ Arbeitsblatt 7 ]

Schreiben Sie die Fragen.

«Per du» (informell)

1 Wiegehtesdirheute?
2 Gehtesdirnichtsogut?
3 Hastduschlechtgeschlafen?
4 Kannichetwasfürdichtun?
5 Warstduschonbeimarzt?

«Per Sie» (formell)

6 Wiegehtesihnenheute?
7 Wasfehltihnendenn?
8 Habensiekopfschmerzen?
9 Habensieschlechtgeschlafen?
10 Kannichetwasfürsietun?

*Kannichvielleichtetwasfürsietun?*

## 2 Was hast du?

Schreiben Sie zu zweit einen Dialog zum Bild. Spielen Sie dann die Szene im Kurs.

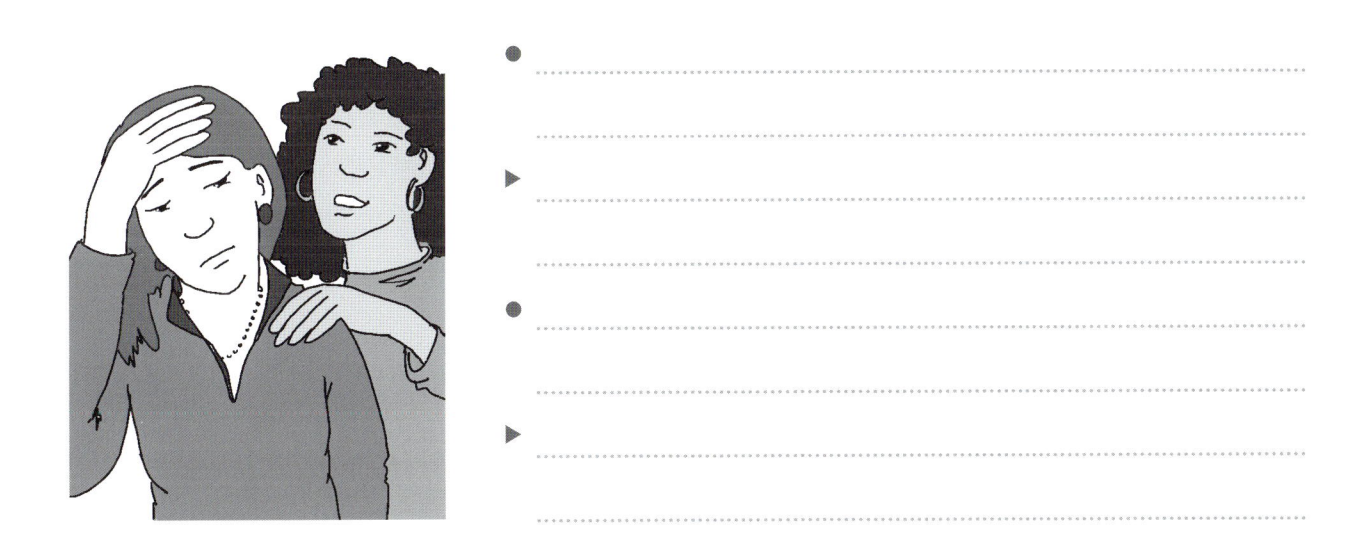

●  ........................................................................
▶  ........................................................................
●  ........................................................................
▶  ........................................................................

## 3 Rollenspiel

Notieren Sie zu zweit Ideen für einen Dialog und spielen Sie den Dialog wie im Theater.

**Situation 1**
Sie treffen eine Kollegin aus dem Deutschkurs. Sie sehen, es geht ihr nicht gut. Sie ist stark erkältet und hat Husten. Was sagen Sie in dieser Situation? Was antwortet die Kollegin?

**Situation 2**
Sie treffen einen Arbeitskollegen. Er sieht sehr müde aus. Was sagen Sie? Was antwortet der Kollege?

**Situation 3**
Möchten Sie eine eigene Situation erfinden? Notieren Sie Stichworte und diskutieren Sie die Situation mit Ihrem Kollegen oder Ihrer Kollegin.

Einheit 10 «Arzttermin»

## 4 Gratis-Training [ Arbeitsblatt 8 ]

Wie geben Sie die fünf Tipps einer Kollegin oder einem Kollegen? Schreiben Sie.

**So bleiben Sie gesund und fit!**
**Tipp 1:** Fahren Sie mit dem Bus nicht direkt vor das Schulhaus. Gehen Sie die letzte Station immer zu Fuss.
**Tipp 2:** Nehmen Sie nie den Lift. Gehen Sie immer zu Fuss das Treppenhaus hoch.
**Tipp 3:** Sind die Kinder zu Hause unruhig? Dann gehen Sie doch mit den Kleinen nach draussen und spielen Sie Fussball.
**Tipp 4:** Jeden Abend fernsehen, das ist langweilig und ungesund. Machen Sie Gymnastik oder gehen Sie wieder mal tanzen. Das macht Spass und ist gesund.
**Tipp 5:** Verkaufen Sie das Auto! Fahren Sie Velo!

*So bleibst du gesund und fit!*
*Tipp 1: Fahre …*
*Tipp 2: …*
*…*

## 5 Probleme und Ratschläge [ Arbeitsblatt 9 ]

Welcher Ratschlag passt? Ordnen Sie zu.

| Probleme | Ratschläge | Was passt zusammen? |
|---|---|---|
| 1 Mir ist langweilig. | A Miss doch mal Fieber. | 1 passt zu ____ . |
| 2 Mir ist heiss. | B Iss doch ein Sandwich. | 2 passt zu ____ . |
| 3 Ich habe einen Riesenhunger. | C Schliess doch mal das Fenster. | 3 passt zu ____ . |
| 4 Ich bin furchtbar müde. | D Iss am Tag weniger Schokolade. | 4 passt zu ____ . |
| 5 Es ist fürchterlich laut hier. | E Geh mal wieder mit Kollegen in den Ausgang. | 5 passt zu ____ . |
| 6 Ich habe am Abend nie Appetit. | F Geh heute Abend etwas früher ins Bett. | 6 passt zu ____ . |

## 6 Projekt: Internationale Medizin

Welche Ratschläge können Sie geben? Bilden Sie Gruppen und machen Sie Plakate mit Tipps und Ratschlägen.

Was hilft …

→ gegen Schnupfen?
→ gegen Husten?
→ gegen Halsschmerzen?
→ gegen Kopfschmerzen?
→ gegen Zahnschmerzen?
→ gegen schlechten Schlaf?
→ gegen …?

Was raten Sie in diesen Fällen?

# Der Arzttermin [ Kursbuch S. 103 ]

## 7 Das Datum

Üben Sie zu zweit.

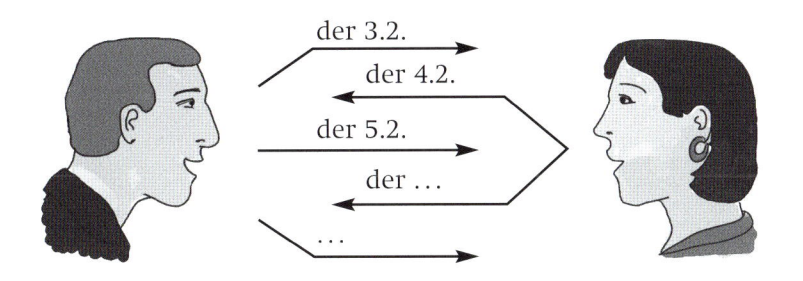

der 3.2.
der 4.2.
der 5.2.
der …
…

**Man sagt**
«Heute ist **der** neunundzwanzig**ste** elf**te**.»
«Morgen ist **der** dreissig**ste** November.»

**Man schreibt**
Heute ist der 29.11.
Morgen ist der 30. November.

### Varianten

→ der 12.12. – der 13.12. – der 14.12. – der …

→ der 20. Mai – der 21. Mai – der 22. Mai. – der …

→ Heute ist der … – Morgen ist der … – Übermorgen ist der …

→ Heute ist der … – Gestern war der … – Vorgestern war der … – Vorvorgestern war der …

→ …

## 8 Der Termin [ Arbeitsblatt 10 ]

Machen Sie eine Kettenübung im Kurs. Oder üben Sie in Gruppen mit dem Ball.

Geht es am 5.?
Oder geht es am 6.?
Oder geht es am 7.?
Oder …
…

**Man sagt**
«Geht es **am** neunundzwanzig**sten** elf**ten**?»
«Geht es **am** dreissig**sten** November?»

**Man schreibt**
Geht es am 29.11.?
Geht es am 30. November?

### Varianten

→ Ich komme am 15. – Du kommst am 16. – Er kommt am 17. – …

→ Warum nicht am 2.? – Warum nicht am 3.? – Warum nicht am 4.? – …

→ …

## 9 Einen Termin beim Arzt abmachen [ Arbeitsblatt 11 ]

Spielen Sie den Telefon-Dialog. Das Arbeitsblatt hilft.

> Praxis Doktor Kunz, … Guten Tag.

> Guten Tag, … Hier ist … Ich möchte …

## 10 Projekt: Wichtige Telefonnummern

Welche SOS-Nummer passt wo? Ordnen Sie zu. Ergänzen Sie dann die Liste mit weiteren wichtigen Telefonnummern. Wer kann dabei helfen?

**117**  **118**  **143**  **144**  **145**

**SOS-Nummern**

............ Ambulanz (Sanität)

............ Feuerwehr (Brand, Explosionsgefahr)

............ Vergiftung

............ Polizei (Verkehrsunfall, Verbrechen)

............ Grosse Probleme (grosse Traurigkeit)

**Weitere wichtige Telefonnummern**

....................................... Hausarzt

....................................... Notdienst-Apotheke

....................................... Ärztlicher Notfalldienst

....................................... Zahnärztlicher Notfalldienst

....................................... Schulärztlicher Dienst

.......................................

.......................................

## 11 Die Notfallkarte

Füllen Sie die Karte aus. Besprechen Sie im Kurs: Wer kann die Karte brauchen?

| | |
|---|---|
| Name | Unfallversicherung |
| Vorname | Arbeitgeber |
| Adresse | Hausarzt (Name, Adresse, Telefon) |
| Heimatort/Land | |
| Kontaktperson (Name, Telefon) | Allergien |
| | Medikamente |
| Krankenkasse | |
| ☐ Allgemein  ☐ Halbprivat  ☐ Privat | |

**Spital Thurgau AG**

**Notfallkarte**

Bitte bewahren Sie die ausgefüllte Karte in Ihrer Brieftasche auf. Sie erleichtert uns die administrative Patientenaufnahme.

## 12 Den Notfallarzt anrufen [ Arbeitsblatt 12 ]

Was sagen Sie zuerst am Telefon? Welche Information kommt danach? Lesen Sie und nummerieren Sie.

...... **Wo?**
Wo ist der Patient? (Ort, Strasse, Hausnummer)

5 **Wann?**
Wann ist es passiert? (genaue Uhrzeit)

...... **Wer?**
Wer ruft an? (Name und Telefonnummer)

...... **Wie?**
Wie geht es dem Patienten?

...... **Was?**
Was ist passiert? (kurze Beschreibung)

...... **Bereits etwas gemacht?**
Was haben Sie schon gemacht?

**Medizinische Notfälle**
**Vergiftungen: Tel. 145**
24-Stunden-Notfalldienst
Toxikolog. Informationszentrum

**Ärztlicher Notfalldienst:**
Tel. 056 511 14 14
Die Einsatzzentrale vermittelt Ihnen den richtigen Arzt.

**Zahnärztlicher Notfalldienst:**
Die Tel.-Nummer des Zahnarztes erfahren Sie von Ihrem Zahnarzt.

## 13 Allgemeinmedizin: Die Hausärztin [ Arbeitsblatt 13 ]

Wo passen die Wörter? Ergänzen Sie den Text.

fehlt | ~~Hausärztin~~ | Konsultation | Krankheiten | Krankheitsgeschichte | Medikamente | Sprechstunde | Wartezimmer

1. *Hausärztin*
2. ...........................
3. ...........................
4. ...........................
5. ...........................
6. ...........................
7. ...........................
8. ...........................

Die ... (1) ist eine allgemeine Ärztin. Sie ist eine Vertrauensperson und kennt Ihre Krankheitsgeschichte. Sie behandelt alle ... (2) oder vermittelt Sie an einen Spezialarzt.

Die Hausärztin hat zu bestimmten Zeiten ... (3). Für eine Konsultation machen Sie telefonisch einen Termin mit der Praxisassistentin ab. Sie sagt Ihnen den Tag und die Uhrzeit für die ... (4).

Man muss manchmal als Patient oder als Patientin beim Hausarzt warten, bis man an der Reihe ist. Das ist normal. Es gibt dafür ein ... (5).

Die Hausärztin stellt zuerst allgemeine Fragen. Zum Beispiel:
«Was ... (6) Ihnen denn?»
«Wo genau tut es Ihnen weh?»
«Wie lange haben Sie die Schmerzen schon?»
«Nehmen Sie ... (7)?»

Sie fragt bei der ersten Konsultation auch nach Ihrer ... (8) und auch nach der Krankheitsgeschichte Ihrer Eltern.

## 14 Und Sie: Haben Sie einen Hausarzt?

Möchten Sie im Kurs davon erzählen? Wenn ja: die Fragen helfen.

→ Haben Sie eine Hausärztin oder einen Hausarzt in der Schweiz?

→ Wie haben Sie die Adresse vom Hausarzt oder von der Hausärztin gefunden?

→ Haben Sie schon einmal am Telefon einen Termin für eine Konsultation abgemacht?

→ Müssen Sie beim Hausarzt oder bei der Hausärztin lange warten, bis Sie an der Reihe sind?

→ In welcher Sprache sprechen Sie mit dem Hausarzt oder mit der Hausärztin?

Ich habe ...

Ich spreche ...

## 15 Was hat die Ärztin gesagt?

Was erzählt Frau Fanconi zu Hause? Ergänzen Sie.

Sie müssen ein paar Tage zu Hause bleiben.

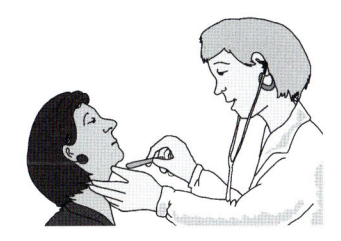

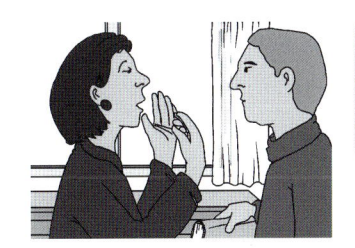

Ich soll ein paar Tage zu Hause bleiben.

| Das sagt die Ärztin zu Frau Fanconi. | Das erzählt Frau Fanconi ihrem Mann. |
|---|---|
| «Sie müssen ein paar Tage zu Hause bleiben.» | «Ich _soll_ ein paar Tage zu Hause _____.» |
| «Ich schreibe Ihnen ein Rezept für eine Salbe. Reiben Sie am Morgen und am Abend Brust und Rücken mit der Salbe ein.» | «Ich _____ am Morgen und am Abend eine Salbe _____.» |
| «Inhalieren Sie so oft wie möglich mit Thymiantee oder Nasibol.» | «Ich _____ mit Thymiantee oder Nasibol _____.» |
| «Ich verschreibe Ihnen noch Tropfen gegen den Husten. Nehmen Sie jeden Tag drei mal zehn Hustentropfen.» | «Ich _____ jeden Tag drei mal zehn Hustentropfen _____.» |
| «Ich möchte Sie noch einmal sehen. Bitte kommen Sie in zehn Tagen zur Kontrolle.» | «Ich _____ in zehn Tagen zur Kontrolle _____.» |

## 16 Das Modalverb «sollen»

Lesen Sie und ergänzen Sie die Verbtabelle.

| ich _____ | wir _sollen_ |
|---|---|
| du _____ | ihr _____ |
| er / es / sie — _soll_ | sie _____ |
| | Sie _____ |

~~soll~~ | sollen | soll | sollst | sollen | sollt | ~~sollen~~

**Aufforderungen und Tipps weitererzählen**
Mit dem Modalverb «sollen» können wir erzählen, was eine andere Person gesagt hat.

# Einheit 10

## 17 Was passt zusammen?

Schreiben Sie.

1 erkältet   2 Fieber
3 weh   4 Schmerzen
5 zum Arzt   6 ein Formular
7 Fragen   8 ein Rezept
9 die Tropfen   10 die Salbe
11 Tabletten   12 im Bett

messen   haben   tun
einreiben   stellen
bleiben   sein
3-mal täglich nehmen
ausfüllen   gehen   schreiben

*Das passt zusammen*
*1 erkältet sein*
*2 Fieber …*
*3 …*

## 18 Die Hausapotheke

Lesen Sie die Checkliste. Was braucht es in einer Hausapotheke?
Kreuzen Sie an und ergänzen Sie. Vergleichen Sie danach im Kurs.

**Medikamente**
- ☐ gegen Schmerzen und Fieber
- ☐ gegen Husten
- ☐ gegen Halsschmerzen
- ☐ gegen Schnupfen
- ☐ gegen Durchfall
- ☐ gegen Übelkeit
- ☐ gegen Sportverletzungen
- ☐ gegen Insektenstiche
- ☐ gegen Verbrennungen
- ☐ ...........................................

**Verbandmaterial**
- ☐ Desinfektionsmittel
- ☐ Gazebinden
- ☐ Elastische Binden
- ☐ Heftpflaster
- ☐ ...........................................

**Diverses**
- ☐ Fieberthermometer
  Checkliste «Erste Hilfe»
- ☐ Notfalladressen und SOS-Nummern
- ☐ ...........................................

## 19 In der Apotheke [ Arbeitsblatt 14 ]

Ordnen Sie die Dialogstreifen und spielen Sie zu zweit die Szene in der Apotheke.

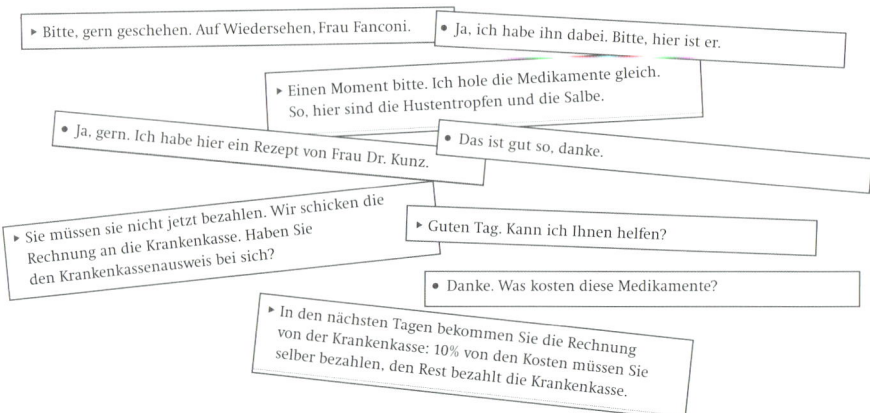

Ich habe ein Rezept.

▸ Bitte, gern geschehen. Auf Wiedersehen, Frau Fanconi.

• Ja, ich habe ihn dabei. Bitte, hier ist er.

▸ Einen Moment bitte. Ich hole die Medikamente gleich. So, hier sind die Hustentropfen und die Salbe.

▸ Ja, gern. Ich habe hier ein Rezept von Frau Dr. Kunz.

• Das ist gut so, danke.

▸ Sie müssen sie nicht jetzt bezahlen. Wir schicken die Rechnung an die Krankenkasse. Haben Sie den Krankenkassenausweis bei sich?

• Guten Tag. Kann ich Ihnen helfen?

• Danke. Was kosten diese Medikamente?

▸ In den nächsten Tagen bekommen Sie die Rechnung von der Krankenkasse: 10% von den Kosten müssen Sie selber bezahlen, den Rest bezahlt die Krankenkasse.

102  Einheit 10 «Arzttermin»

## 20 Die Arztrechnung

Lesen Sie die zwei Dokumente. Beantworten Sie danach die Fragen mit Ihren Kolleginnen und Kollegen zusammen im Kurs.

Frau Franconi erhält für die ärztlichen Untersuchungen bei Frau Dr. Kunz eine Rechnung und einen Rückforderungsbeleg.

**Rückforderungsbeleg**

| | |
|---|---|
| Rechnungsnummer | X1007893915 |
| Datum | 20.03.20.. |
| Rechnungssteller/in | Dr. med. F. Kunz<br>Parkstr. 12 / 9000 St. Gallen |
| Patient/in | Fanconi **Name**<br>Livia **Vorname**<br>Zürcherstrasse 72 / 9000 St. Gallen **Adresse**<br>967.08.19.007.2 **Versicherten-Nummer**<br>Krankheit **Behandlungsgrund**<br>03.03.20.. und 14.03.20.. **Behandlungsdatum** |

| Leistungen | Einheit | CHF |
|---|---|---|
| Tarmed | 2 | 375.70 |
| Physio | 0 | 0.00 |
| Medikamente | 0 | 0.00 |
| Labor | 0 | 0.00 |
| Übrige Leistungen | 0 | 0.00 |
| MwSt | 0 | 0.00 |
| **Gesamtbetrag Total CHF** | | **375.70** |

**Honorarrechnung**

Dr. med. F. Kunz
Allgemeine Medizin FMH
Parkstrasse 12
9000 St. Gallen

X1007893915
**Rechnungsnummer**
20.03.20..
**Rechnungsdatum**

Frau
Livia Fanconi
Zürcherstrasse 72
9000 St. Gallen

Frau Livia Fanconi, Zürcherstrasse 72, 9000 St. Gallen, 19.08.1967
**Patient/Patientin**
967.08.19.007.2
**Versicherten-Nummer**
03.03.20.. und 14.03.20..
**Ärztliche Untersuchung**

| Leistungen | Einheit | CHF |
|---|---|---|
| Tarmed | 2 | 375.70 |
| Physio | 0 | 0.00 |
| Medikamente | 0 | 0.00 |
| Labor | 0 | 0.00 |
| Übrige Leistungen | 0 | 0.00 |
| MwSt | 0 | 0.00 |
| **Rechnung Total CHF** | | **375.70** |

Bitte bezahlen Sie diese Rechnung innert 30 Tagen mit dem hierfür vorgesehenen Einzahlungsschein.

Für die Rückerstattung senden Sie den beiliegenden Rückforderungsbeleg bitte an Ihre Krankenkasse oder Ihre Versicherung.

1. Wie hoch ist die Rechnung?
2. Gibt es einen Einzahlungsschein zur Rechnung?
3. Muss Frau Fanconi den Rechnungsbetrag selber bezahlen?
4. Was muss Frau Fanconi mit dem Rückforderungsbeleg machen?
5. Haben Sie Erfahrungen mit Arztrechnungen? Möchten Sie im Kurs davon erzählen?

# Deutsch lernen: Das Beste

## L1 Hitparade

Welches waren die zehn besten Seiten im Kursbuch oder im Arbeitsbuch? Notieren Sie und vergleichen Sie mit Ihren Kolleginnen und Kollegen im Kurs.

| Rang | Kursbuch Seite | Arbeitsbuch Seite | Thema |
|---|---|---|---|
| 1 | .................. | .................. | ................................................................................ |
| 2 | .................. | .................. | ................................................................................ |
| 3 | .................. | .................. | ................................................................................ |
| 4 | .................. | .................. | ................................................................................ |
| 5 | .................. | .................. | ................................................................................ |
| 6 | .................. | .................. | ................................................................................ |
| 7 | .................. | .................. | ................................................................................ |
| 8 | .................. | .................. | ................................................................................ |
| 9 | .................. | .................. | ................................................................................ |
| 10 | .................. | .................. | ................................................................................ |

## L2 Meine Tipps zum Deutschlernen

Was hat Ihnen persönlich am meisten geholfen beim Lernen? Notieren Sie mindestens drei Tipps für einen Kollegen oder eine Kollegin.

................................................................................

................................................................................

................................................................................

................................................................................

................................................................................

................................................................................

### Ratschläge

Lies jeden Tag ...
Schreib jede Woche ...
Sprich so oft wie möglich ...
...

## L3 Ratschläge  [ Arbeitsblatt 15 ]

Schreiben Sie die Tipps aus L2 für neue Deutschlernerinnen und Deutschlerner formell («per Sie») auf Karten.

# Lösungen

## Seite 5: Übung 2

**Dialog 1**
- ▶ Wie heissen Sie?
- ● Ich heisse Helen Meier.
- ▶ Woher kommen Sie, Frau Meier?
- ● Ich komme aus Deutschland.

**Dialog 2**
- ▶ Wie ist Ihr Name, bitte?
- ● Mein Name ist Juan González.
- ▶ Entschuldigung, wie heissen Sie?
- ● Ich heisse Juan González.
- ▶ Woher kommen Sie, Herr González?
- ● Ich komme aus Bolivien.

## Seite 6: Übung 5

**Dialog 1**
- ● **Wie heisst du?**
- ▶ Ich heisse Anna. **Und du?**
- ● Paul, Paul Ador. **Woher kommst du?**
- ▶ Aus Italien. Und du? Woher kommst du?
- ● Ich komme **aus der Schweiz, aus Genf.**

**Dialog 2**
- ● Hallo, Nadine.
- ▶ Hallo, Juan.
- ● Das ist mein Kollege Steven. **Er kommt aus Kanada.**
- ▶ Freut mich. **Ich bin Nadine.**
- ◇ Hallo, Nadine. **Kommst du aus Portugal?**
- ▶ Nein, **aus Frankreich.**

## Seite 6: Übung 6

Die Personen sind **per Sie**.

## Seite 7: Übung 8

|  | Fragen per Sie | Fragen per du |
|---|---|---|
| Name? | **Wie heissen Sie?** | **Wie heisst du?** |
|  | **Wie ist Ihr Name?** | **Wie ist dein Name?** |
| Land? | **Woher kommen Sie?** | **Woher kommst du?** |

## Seite 8: Übung 10

ich: **ich komme, ich heisse, ich bin**

du: **du kommst, du heisst**

er/sie: **er kommt, sie kommt, sie heisst, mein Name (er) ist**

Sie: **Sie kommen, Sie heissen**

## Seite 10: Übung 16

Zeichnung A = Begrüssung Nr. **2**
Zeichnung B = Begrüssung Nr. **3**
Zeichnung C = Begrüssung Nr. **1**

## Seite 10: Übung 17

| Mo | **Montag** |
| Di | **Dienstag** |
| Mi | **Mittwoch** |
| Do | **Donnerstag** |
| Fr | **Freitag** |
| Sa | **Samstag** |
| So | **Sonntag** |

## Seite 10: Übung 18

Super.
Sehr gut, danke.
Danke, gut.
Ganz gut, danke.
Danke, es geht.
Nicht so gut.

## Seite 11: Übung 19

Bild A = [X] per du
Bild B = [X] per Sie
Bild C = [X] per Sie

## Seite 11: Übung 20

1 **du**      6 **du/Sie**
2 **du**      7 **du/Sie**
3 **du**      8 **du**
4 **Sie**    9 **Sie**
5 **Sie**

## Seite 12: Übung 21

Ital**ien**isch – Portu**gies**isch – Gr**iech**isch – **Engl**isch
Ar**ab**isch – Sp**an**isch – Türk**isch** – Franz**ös**isch
Chi**nes**isch – **Deu**tsch

## Seite 13: Übung 25

Schweiz – Deutschland – Frankreich – Italien
Spanien – Portugal – England

## Seite 13: Übung 26

| 0 | nu**ll** | 5 | fü**nf** | 10 | **zehn** | 15 | fünf**zehn** |
| 1 | ein**s** | 6 | se**chs** | 11 | elf | 16 | sech**zehn** |
| 2 | z**wei** | 7 | sieben | 12 | zwölf | 17 | sieb**zehn** |
| 3 | drei | 8 | acht | 13 | drei**zehn** | 18 | acht**zehn** |
| 4 | vier | 9 | neun | 14 | vier**zehn** | 19 | neun**zehn** |
|  |  |  |  |  |  | 20 | zw**anzig** |

# Lösungen

## Seite 14: L 1

**Frage**
Wie heisst du?
Wie ist dein Name?
Entschuldigung, wie ist dein Name?

**Antwort**
Ich heisse …
Mein Name ist …

## Seite 15: Übung 1

1 Die Hauptstadt von Österreich ist **Wien**.
2 Paris ist die Hauptstadt von **Frankreich**.
3 Die Hauptstadt von **Italien** ist Rom.
4 Die Hauptstadt von Portugal ist **Lissabon**.
5 Berlin ist die Hauptstadt von **Deutschland**.
6 Die **Hauptstadt** von Liechtenstein ist Vaduz.
7 Die Hauptstadt der Schweiz ist **Bern**.

## Seite 15: Übung 2

1 In **Basel** sprechen die Leute Baseldeutsch.
2 In Bern spricht man **Berndeutsch**.
3 **Zermatt** liegt im Kanton Wallis. Die Leute sprechen Walliserdeutsch.
4 In **Genf** spricht man Französisch.
5 **Chur** liegt im Kanton Graubünden, und man spricht Bündnerdeutsch.
6 In Lugano spricht man **Italienisch**.
7 In St. Moritz sprechen viele Leute **Rätoromanisch**.
8 In Zürich spricht man **Zürichdeutsch**.
9 In **St. Gallen** sprechen die Leute Sanktgallerdeutsch.

## Seite 18: Übung 6

| einundzwanzig | dreiundzwanzig | fünfundzwanzig | achtundzwanzig |
|---|---|---|---|
| 21 | 23 | 25 | 28 |

| einunddreissig | vierunddreissig | einundneunzig | neunundreissig |
|---|---|---|---|
| 31 | 34 | 91 | 39 |

| zweiundfünfzig | fünfundfünfzig | sechsundfünfzig | dreindneunzig |
|---|---|---|---|
| 52 | 55 | 56 | 93 |

## Seite 18: Übung 7

| 20 | zwanzig | 66 | **sechsundsechzig** |
|---|---|---|---|
| 26 | **sechsundzwanzig** | 70 | siebzig |
| 35 | fünfunddreissig | 75 | **fünfundsiebzig** |
| 36 | **sechsunddreissig** | 80 | achtzig |
| 47 | siebenundvierzig | 82 | **zweiundachtzig** |
| 50 | fünfzig | 90 | neunzig |
| 53 | **dreiundfünfzig** | 93 | dreiundneunzig |
| 60 | sechzig | 100 | einhundert |

## Seite 20: Übung 12

| 200 | **zweihundert** |
|---|---|
| 270 | **zweihundertsiebzig** |
| 800 | **achthundert** |
| 914 | **neunhundertvierzehn** |
| **4 000** | viertausend |
| 4 500 | **viertausendfünfhundert** |
| 4 520 | **viertausendfünfhundertzwanzig** |
| 7 365 | **siebentausenddreihundertfünfundsechzig** |
| 7 000 000 | **sieben Millionen** |
| 17 539 000 | **siebzehn Millionen fünfhundertneununddreissigtausend** |

## Seite 20: Übung 13

1 Von New York (USA) nach Bern sind es **6 261** Kilometer.
2 Von Rom (Italien) nach Bern sind es **703** Kilometer.
3 Von Istanbul (Türkei) nach Bern sind es **1 836** Kilometer.
4 Von Berlin (Deutschland) nach Bern sind es **754** Kilometer.
5 Von Buenos Aires (Argentinien) nach Bern sind es **11 187** Kilometer.
6 Von Bangkok (Thailand) nach Bern sind es **9 119** Kilometer.

## Seite 21: Übung 14

A B C **D** E F G **H** I J **K** L M
**N** O P **Q** R **S** T U V **W** X Y Z

## Seite 21: Übung 17

● Wie ist Ihr Name, bitte?
▶ Maniadakis.
● Wie bitte? Wie ist Ihr Familienname?
▶ Mein Familienname ist Maniadakis.
● Wie schreibt man das, bitte?
▶ Ich buchstabiere: M wie …
● Also Maniadakis.
▶ Ja, richtig: Maniadakis.
● Danke schön.
▶ Bitte, gern geschehen.

## Seite 22: Übung 18

● **Wi**e ist **I**hr **N**ame, **b**itte?
▶ **M**aniadakis.
● **Wi**e **b**itte? **Wi**e **i**st **I**hr **F**amilienname?
▶ **M**ein **F**amilienname **i**st **M**aniadakis.
● **Wi**e **s**chreibt **m**an **d**as, **b**itte?
▶ Ich **b**uchstabiere: **M** wie **M**aria, **A** wie **A**nna, **N** wie **N**iklaus, **I** wie **I**da, **A** wie **A**nna, **D** wie **D**aniel, **A** wie **A**nna, **K** wie **K**onrad, **I** wie **I**da und **S** wie **S**ara.
● Also **M**aniadakis.
▶ Ja, **r**ichtig: **M**aniadakis.
● **D**anke **s**chön.
▶ Bitte, **g**ern **g**eschehen.

## Seite 22: Übung 19

a Wer beginnt?
b Arbeiten Sie in Gruppen!
c Deutsch lernen ist leicht.
d Ich buchstabiere meinen Namen.
e Ich ergänze eine Tabelle.
f Ich schreibe einen Satz.
g Ich höre ein Lied auf Schweizerdeutsch.
h Ich mache eine Collage.
i Ich bin fertig.
k Stimmt das?

## Seite 22: Übung 20

| Nomen | Verb | Adjektiv |
|---|---|---|
| die Distanz | fahren | gross |
| der Kanton | hören | klein |
| das Land | leben | laut |
| die Sprache | liegen | leicht |
| die Stadt | üben | schnell |
| die Zahl | wohnen | |

## Seite 23: Übung 22

(Wochentage)
**D**ienstag – **D**onnerstag – **F**reitag – **M**ittwoch – **M**ontag – **S**amstag – **S**onntag

(Himmelsrichtungen)
**N**orden – **O**sten – **S**üden – **W**esten

(Zahlen)
**a**cht – **d**rei – **e**ins – **f**ünf – **n**eun – **s**echs – **s**ieben – **v**ier – **z**ehn – **z**wei

## Seite 23: Übung 23

| | | |
|---|---|---|
| Kurs | Antwort | Kanada |
| **Land** | Bild | Klasse |
| Muttersprache | Deutsch | **Kollegin** |
| Portugiesisch | **Frage** | kommen |
| | | |
| kommen | Postkarte | |
| **lernen** | Satz | |
| lesen | **schreiben** | |
| Leute | sprechen | |
| | Vorname | |
| | Zahl | |

## Seite 24: L1

sehr klein – klein – mittelgross – gross – sehr gross

## Seite 25: Übung 2

**Bekannte Personen**
1 Astrid Koch kommt aus Einsiedeln im Kanton Schwyz. **Sie** wohnt jetzt in Genf. Da arbeitet **sie** als Übersetzerin. **Sie** spricht viele Sprachen und lernt jetzt Arabisch.
2 Neina Cathomen wohnt in Falera im Kanton Graubünden. **Sie** sagt: «Ich fahre jeden Tag mit dem Postauto nach Chur.» Da geht **sie** zur Schule.
3 Ilario Pifferini ist 26 Jahre alt. **Er** kommt aus dem Tessin und wohnt jetzt in Basel. **Er** spricht in Basel oft Italienisch. Das ist seine Muttersprache. **Er** versteht aber auch Baseldeutsch und **er** spricht relativ gut Deutsch und Französisch.

**Neue Personen**
4 Hans Meyer ist 34 Jahre alt. **Er** wohnt in Basel. **Er** arbeitet bei Novartis.
5 Silvia Padrutt ist 23. **Sie** kommt aus Chur und wohnt jetzt in Schaffhausen. **Sie** arbeitet bei Migros.
6 Franz Kälin arbeitet bei den SBB. **Er** ist 58 Jahre alt und wohnt in Luzern.

## Seite 26: Übung 3

Luca (11) und Rico (11): «Wir spielen zusammen Fussball in einem Junioren-Club. Immer am Samstag spielen wir gegen eine andere Mannschaft. Wir gehen auch zusammen zur Schule, in die fünfte Klasse. Wir sprechen Hochdeutsch im Unterricht und wir lernen Französisch. In der Pause sprechen wir Dialekt.»

Jean-Nicolas (31) kommt aus der Westschweiz, aus dem Kanton Waadt. Er arbeitet als Ingenieur in einer internationalen Firma in der Deutschschweiz. «Wir haben viel zu tun. Die Kunden kommen aus der ganzen Welt. Sie sprechen meistens Englisch oder Französisch, manchmal auch Deutsch.»

## Seite 26: Übung 4

| | kommen | | fragen | | antworten | | finden |
|---|---|---|---|---|---|---|---|
| ich | komme | ich | frage | ich | antworte | ich | finde |
| du | komm**st** | du | frag**st** | du | antwort**est** | du | find**est** |
| er | kommt | er | fragt | er | antwortet | er | find**et** |
| sie | kommt | sie | fragt | sie | antwortet | sie | findet |
| wir | komm**en** | wir | frag**en** | wir | antwort**en** | wir | find**en** |
| ihr | kommt | ihr | fragt | ihr | antwortet | ihr | find**et** |
| sie | komm**en** | sie | frag**en** | sie | antwort**en** | sie | find**en** |
| Sie | komm**en** | Sie | frag**en** | Sie | antwort**en** | Sie | find**en** |

## Seite 28: Übung 7

**Fragen und antworten**
Ich **frage**,
du **fragst**,
er **fragt**,
und sie **fragt** auch.

Alle **fragen**.
Und wer **antwortet**?

**Alles klar!**
Ich verstehe das.
Du **verstehst** das.
Sie versteht das.
Und er **versteht** das auch.
Das ist kein Problem:
Wir alle **verstehen** das.

**Suchen und finden**
Ich **suche**.
Du such**st**.
Er sucht.
Und sie such**t**.

Wir suchen.
Und auch ihr such**t**.
Alle such**en**.
Und wer find**et**?

# Lösungen

## Seite 29: Übung 9

**Text 1**
Hui-Zhu Hu (38) **wohnt** in Luzern. Sie **arbeitet** als Gymnastiklehrerin. Ihre Muttersprache **ist** Chinesisch. Sie **spricht** Englisch und Deutsch und **versteht** Schweizerdeutsch.

**Text 2**
Sellathurai Ranganathan (30) **kommt** aus Sri Lanka und **wohnt** jetzt in Kloten im Kanton Zürich. Er **arbeitet** als Küchenhilfe im Restaurant «Airgate». Er **spricht** Tamilisch (Muttersprache), Englisch und Deutsch. Er **versteht** auch Zürichdeutsch.

**Text 3**
Illario Pifferini (26): «Ich **komme** aus dem Tessin und **wohne** jetzt in Basel. Meine Muttersprache **ist** Italienisch. Ich **spreche** auch in Basel oft Italienisch. Ich **verstehe** aber Baseldeutsch und **spreche** auch relativ gut Deutsch und Französisch. Ich **suche** Arbeit als Automechaniker oder Chauffeur.»

## Seite 30: Übung 10

**Text 4**
Ana Carina Hernández Castillo (22) aus Guatemala **wohnt** in Zürich und **arbeitet** als Pflegehelferin im Kantonsspital. Sie **spricht** Spanisch (Muttersprache) und Hochdeutsch. Im Spital **hört** sie viele Sprachen. Sie **versteht** Italienisch, Portugiesisch und auch Schweizerdeutsch.

## Seite 31: Übung 13

10 vor 3 — 20 vor 11 — Viertel nach 8
5 nach 5 — 5 vor 7 — Viertel vor 11 — 5 nach halb 3
Viertel nach 6 — 5 vor halb 9 — 20 nach 12 — Punkt 4 Uhr
Punkt 7 Uhr — halb 1 — 5 vor halb 12

## Seite 32: Übung 14

**Dialog 1**
● Wie spät ist es, bitte?
▶ Viertel vor zwölf.
● Genau Viertel vor zwölf?
▶ Ja, genau Viertel vor.
● Danke.
▶ Bitte.

**Dialog 2**
● Entschuldigung, wie viel Uhr ist es?
▶ Fünf vor halb drei.
● Oh, schon so spät. Danke.
▶ Bitte, gern geschehen.

## Seite 32: Übung 15

**Dialog 1**
▶ Ist es **schon** zwei Uhr?
● Nein, **erst** Viertel vor.
▶ Gut, wir haben **noch** Zeit.

**Dialog 2**
▶ Wie spät ist es, bitte?
● Viertel nach sieben.
▶ Was, **schon** Viertel nach!
● Ja, wir sind **zu** spät.

## Seite 35: Übung 1

| | |
|---|---|
| **Sekretärin** | Termine koordinieren – E-Mails schreiben – am PC arbeiten – telefonieren |
| **Taxifahrer** | fahren – Strassen suchen – warten – reden und lachen |
| **Kassiererin** | Kundinnen grüssen – Preise lesen – Geld zählen – Retourgeld geben |
| **Pflegeassistent** | Fieber messen – Rapporte schreiben – mit Patienten sprechen – Medikamente sortieren |

## Seite 36: Übung 4

Der Pflegeassistent sagt: «Ich **messe** das Fieber und **spreche** mit Patientinnen und Patienten. Ich **sortiere** Medikamente und **schreibe** Rapporte.»

Die Kassiererin sagt: «Ich **grüsse** Kundinnen und Kunden. Ich **lese** die Preise und **tippe** die Preise in die Kasse. Ich **zähle** und **kassiere** das Geld.»

Der Chauffeur sagt: «Ich **fahre** viele Kilometer. Ich **lese** Strassenkarten und **bin** lange unterwegs. Manchmal **schlafe** ich im Auto.»

## Seite 37: Übung 5

| | lesen | | messen | | fahren | | schlafe |
|---|---|---|---|---|---|---|---|
| ich | lese | ich | messe | ich | fahre | ich | schlafe |
| du | liest | du | misst | du | fährst | du | schläfst |
| er | liest | er | misst | er | fährt | er | schläft |
| sie | liest | sie | misst | sie | fährt | sie | schläft |
| wir | lesen | wir | messen | wir | fahren | wir | schlafen |
| ihr | liest | ihr | messt | ihr | fahrt | ihr | schlaft |
| sie | lesen | sie | messen | sie | fahren | sie | schlafen |
| Sie | lesen | Sie | messen | Sie | fahren | Sie | schlafen |

## Seite 38: Übung 7

Er wart**et** und fähr**t** und wart**et**. Er such**t** Strassen und fähr**t** und fähr**t**. Er sprich**t** und lern**t** Leute kennen. Er red**et** und lach**t**. Er fähr**t** in der Nacht und schläf**t** am Tag. Er find**et** die Arbeit anstrengend, aber auch interessant.

## Seite 38: Übung 8

**Per Sie**
Was arbeiten Sie?
Was machen Sie beruflich?
Wo arbeiten Sie?

**Per du**
Was arbeitest du?
Was machst du beruflich?
Wo arbeitest du?

## Seite 39: Übung 11

1 Der Frühdienst beginnt am Morgen um **sieben** Uhr.
2 Die erste Pause ist von **neun** Uhr bis **neun Uhr zwanzig**.
3 Die Mittagspause beginnt um **elf** Uhr **fünfundzwanzig** und dauert bis **zwölf Uhr**.
4 Die Pause am Nachmittag ist von **vierzehn Uhr fünfzig** bis **fünfzehn** Uhr.
5 Um **sechzehn** Uhr ist der Frühdienst fertig.

## Seite 40: Übung 13

2 Wie ist Ihr Vorname?
7 Wie ist Ihre Telefonnummer?
10 Was sind Sie von Beruf?
12 Sind Sie verheiratet?
11 Wie alt sind Sie?
6 Wo wohnen Sie?
5 Wie ist die Postleitzahl?
1 Wie ist Ihr Familienname?
16 Welche Aufenthaltsbewilligung haben Sie?
15 Was für einen Ausweis haben Sie?
3 Wie ist Ihre Adresse?
4 Welche Hausnummer?
8 Wie ist Ihre Natel-Nummer?
14 Woher kommen Sie?
13 Wie ist Ihre Nationalität?
9 Wie ist Ihre E-Mail-Adresse?

## Seite 41: Übung 14

1 Wie ist Ihr Vorname?
2 Wie ist Ihre Telefonnummer?
3 Was sind Sie von Beruf?
4 Sind Sie verheiratet?
5 Wie alt sind Sie?
6 Wo wohnen Sie?
7 Wie ist die Postleitzahl?
8 Wie ist Ihr Familienname?
9 Welche Aufenthaltsbewilligung haben Sie?
10 Was für einen Ausweis haben Sie?
11 Wie ist Ihre Adresse?
12 Welche Hausnummer?
13 Wie ist Ihre Natel-Nummer?
14 Woher kommen Sie?
15 Wie ist Ihre Nationalität?
16 Wie ist Ihre E-Mail-Adresse?

## Seite 41: Übung 16

Personaldienst SBB
Herr A. Morell
Fabrikstr. 34
3603 Thun

Mina Santos
Erikaweg 14
3006 Bern

Martha Indermauer
Gotthardstr. 78
6430 Schwyz

## Seite 42: Übung 17

1 **g** – 2 **i** – 3 **k** – 4 **f** – 5 **l** – 6 **d** – 7 **e** – 8 **b** – 9 **a** – 10 **n** – 11 **c** – 12 **h** – 13 **m**

## Seite 42: Übung 18

Verkäuferin: «Das macht **elf Franken zwanzig**.»
Kunde: «Hier bitte, das sind **zwanzig Franken**.»
Verkäuferin: «Danke, und **acht Franken achtzig** retour.»
Kunde: «Danke.»

## Seite 43: Übung 19

● Guten Tag, Sie wünschen?
▶ Ich hätte gern ein Sankt-Galler-Brot.
● Dunkel oder hell?
▶ Dunkel, bitte.
● Hier, bitte!
▶ Danke. Wie viel macht das?
● Ein Sankt-Galler-Brot macht zwei Franken vierzig.
▶ Hier sind drei Franken.
● Danke! Und 60 Rappen retour.
▶ Danke. Auf Wiedersehen.
● Auf Wiedersehen. einen schönen Tag noch!
▶ Danke, gleichfalls.

## Seite 43: Übung 20

1 Monika Beeler
2 Sie wohnt in der Goldauerstrasse 41 in 8006 Zürich.
3 Sie zahlt 81 Franken 30 Rappen ein.
4 Die Firma SWISSCOM AG

## Seite 44: L2

1 Der Mann ist **42 Jahre** alt.
2 Zu Hause spricht er **Berndeutsch**.

## Seite 44: L3

| Vorname | Name | Alter | Wohnort | Arbeit/Beruf |
|---------|------|-------|---------|--------------|
| Fred | Hodel | 42 Jahre | Thun | Lehrer |

# Lösungen

## Seite 45: Übung 1

Bild A = **Musik machen**
Bild B = **picknicken gehen**
Bild C = **in ein Restaurant essen gehen**
Bild D = **Fussball spielen**
Bild E = **in den Zoo gehen**
Bild F = **in ein Konzert gehen**
Bild G = **Freunde und Verwandte besuchen**
Bild H = **schwimmen gehen**
Bild I = **Briefe schreiben**

## Seite 46: Übung 3

**Frauen**
Auf Platz 1 ist Zeitung lesen.
Auf Platz 2 ist Musik hören.
Auf Platz 3 ist fernsehen.
Auf Platz 4 ist Bücher lesen.
Auf Platz 5 ist nichts machen.
Auf Platz 6 ist kochen.
Auf Platz 7 ist backen.
Auf Platz 8 ist Besuch haben.

**Männer**
Auf Platz 1 ist Zeitung lesen.
Auf Platz 2 ist fernsehen.
Auf Platz 3 ist Musik hören.
Auf Platz 4 ist nichts machen.
Auf Platz 5 ist Besuch haben.
Auf Platz 6 ist Bücher lesen.
Auf Platz 7 ist kochen.
Auf Platz 8 ist backen.

## Seite 47: Übung 4

**Falsche Information:**
Aber mehr Männer als Frauen lesen Bücher: 47% der Frauen lesen Bücher, bei den Männern sind es 72%.

**Richtig ist:**
Aber mehr **Frauen** als **Männer** lesen Bücher. 47% der **Männer** lesen Bücher, bei den **Frauen** sind es 72%.

## Seite 49: Übung 10

1 Die Pizzeria ist über Mittag von 11 Uhr bis halb **drei Uhr** geöffnet und am Abend von 5 bis halb **zwölf**.
2 Das Restaurant «Takano» hat jeden Tag von 18.00 Uhr bis **23.30** Uhr offen. Von Montag bis **Freitag** ist es auch über Mittag von **11.30** Uhr bis **14.00** Uhr geöffnet.
3 Das Fitness-Studio ist von **Montag** bis **Freitag** von 7 Uhr bis 22.00 Uhr geöffnet. Am Wochenende ist es von **9.00** Uhr bis **18.00** Uhr geöffnet.

## Seite 50: Übung 13

1 Hast du am Samstag Zeit?
2 Ja. Warum?
3 Was machst du heute Abend?
4 Ich weiss noch nicht. Warum?
5 Ich gehe ins Kino. Kommst du mit?
6 Gehen wir einen Kaffe trinken?
7 Gute Idee. Ich komme gleich.
8 Heute geht es nicht. Vielleicht nächste Woche.
9 Ich gehe am Mittwochnachmittag mit den Kindern in den Zoo. Kommst du auch?

## Seite 50: Übung 14

**Dialog 1 (2 Personen)**
● Hast du am Freitag Zeit? Ich gehe in den Salsa Club.
▶ Tut mir leid. Am Freitag geht es nicht. Ich habe viel Arbeit. Geht es auch am Samstag?
● Ja, klar. Das geht auch.
▶ Gut, dann gehen wir am Samstag zusammen tanzen.
● Prima. Bis dann.

**Dialog 2 (2 Personen)**
● Ich gehe einen Kaffee trinken. Kommst du auch?
▶ Tut mir leid, jetzt habe ich keine Zeit.
● Oh, du hast nie Zeit.
▶ Das stimmt nicht. Um 4 bin ich hier fertig. Gehen wir dann?
● Ja, sehr gern.
▶ Also, bis 4 Uhr.

**Dialog 3 (4 Personen)**
● Kommt jemand mit in den Zoo?
▶ Wann denn?
● Heute Nachmittag, so um 2 Uhr.
▶ Prima, das geht. Ich komme gern.
○ Ich komme auch.
☐ Und ich auch.
● Schön, dann gehen wir alle zusammen.

**Dialog 4 (2 Personen)**
● Wir gehen am Sonntag picknicken. Kommt ihr auch?
▶ Am Wochenende geht es nicht. Wir haben Besuch.
● Schade. Vielleicht ein andermal.

**Dialog 5 (3 Personen)**
● Gehen wir einen Kaffee trinken?
▶ Ja, gern. Ich komme gleich.
○ Ich auch. Ich mache nur noch diese Übung fertig.
● Kein Problem. Wir warten.

## Seite 51: Übung 15

**Ja**
Gute Idee!
Gern.
Klar komme ich mit.
Ja, gern.

**Vielleicht**
Ich weiss nicht.
Ins Konzert? Ich weiss nicht.
Vielleicht.

**Nein**
Tut mir leid, das geht nicht.
Ich bin zu müde.
Vielleicht ein andermal.
Ich habe keine Zeit.
Nein, ich habe viel Arbeit.

## Seite 52: Übung 17

| haben (Präsens) | haben (Präteritum) | sein (Präsens) | sein (Präteritum) |
|---|---|---|---|
| ich **habe** | ich **hatte** | ich **bin** | ich **war** |
| du **hast** | du **hast** | du **bist** | du **warst** |
| er **hat** | er **hatte** | er **ist** | er **war** |
| es **hat** | es **hatte** | es **ist** | es **war** |
| sie **hat** | sie **hatte** | sie **ist** | sie **war** |
| wir **haben** | wir **hatten** | wir **sind** | wir **waren** |
| ihr **habt** | ihr **hattet** | ihr **seid** | ihr **wart** |
| sie **haben** | sie **hatten** | sie **sind** | sie **waren** |
| Sie **haben** | Sie **hatten** | Sie **sind** | Sie **waren** |

## Seite 53: Übung 19

**Frei haben**
Ich **hatte** letzte Woche am Freitag frei.
Du **hattest** am Mittwoch frei.
Der Kollege **hatte** am Dienstag frei.
Die Kollegin **hatte** am Montag frei.
Wir alle **hatten** einen Tag frei.
Und du? Wann **hattest** du frei?

**Unterwegs sein**
Ich **war** am letzten Freitag im Kino.
Patricia **war** am letzten Samstag in einem Konzert.
Regina und Helen **waren** im Kino.
Frau Künzli und die Kinder **waren** am letzten Sonntag im Zoo.
Alle **waren** unterwegs.
Und du? Wo **warst** du?

## Seite 59: Übung 9

**A** ein Schwan
**B** ein Buch
**C** (zwei) CDs
**D** ein Telefon
**E** eine Handtasche
**F** Fische
**G** eine Uhr
**H** Münzen

## Seite 59: Übung 10

● Was ist das? Ist das **ein** Bär?
▶ Ja, das ist **ein** Bär.
● Nein, das stimmt nicht. Das ist **kein** Bär.
▶ Doch, das ist **ein** Bär. Das ist der Bär von Bern.

## Seite 59: Übung 11

**Eine Übung schreiben**
1 ● Schreibst du die Übung nicht?
   ▶ **Doch, doch**. Ich beginne gleich.
2 ● Bist du schon fertig?
   ▶ **Nein**, noch nicht.
3 ● Machst du keine Pause?
   ▶ **Doch**, in fünf Minuten mache ich Pause.
4 ● Hast du dann etwas Zeit?
   ▶ **Ja**, kein Problem. Dann habe ich Zeit.

**Freizeit und Arbeit**
5 ● Kommst du heute Abend mit ins Kino?
   ▶ **Nein**, tut mir leid. Ich habe viel Arbeit zu Hause.
6 ● Hast du keine Freizeit?
   ▶ **Doch**, ich habe natürlich auch Freizeit. Aber im Moment habe ich viel Arbeit zu Hause.
7 ● Wie sieht das am Freitag aus? Hast du am Freitag frei?
   ▶ **Ja**, am Freitag habe ich den ganzen Tag frei.

## Seite 60: Übung 12

**maskulin (m)**
Auf Bild A ist ein Schwan. **Der** Schwan hat Hunger.
**Er** bekommt Brot.
**neutrum (n)**
Auf Bild B ist **ein** Wörterbuch. **Das** Wörterbuch ist auf Deutsch und auf Spanisch. **Es** ist von PONS.
**feminin (f)**
Auf Bild C ist **eine** Uhr. **Die** Uhr ist schwarz und weiss.
**Sie** zeigt 9 nach 10.

## Seite 60: Übung 13

**In Luzern**
Nora und Basil werfen **Brot** für die Schwäne ins Wasser.
Die Schwäne haben **Hunger**. Sie bekommen **Brot**.
Die Familie macht **Pause**. Alle essen **Glace**.

**Freizeit**
Ich tanze gern **Salsa**. Du liest gern **Zeitung**. Er hat gern **Besuch**. Sie hört gern **Musik**. Ihr spielt gern **Fussball**.

**Eine Verabredung**
Hast du heute Abend **Zeit**? Ja, klar! Ich habe **Zeit**.

## Seite 62: Übung 17

1 **Was** möchten Sie essen?
2 **Was** nimmst du?
3 **Wer** bestellt eine Suppe?
4 **Was** essen wir?
5 **Was** isst du heute?
6 **Was** trinken wir?
7 **Was** nehmen wir?
8 **Was** bestellst du?
9 **Was** bekommen Sie?
10 **Wer** bekommt einen Kaffee Crème?

## Seite 62: Übung 18

S O B A Z B U N D I E R N E S T O S A E U F V S
T R E F F E N T T A M P R O P D M U R A T O R E
R I Z O K K I L A F O R M L E S E N I F A M M N
I F A L N O T I E R E N Q U A U P A T I M O L L
N A H M X M I N S A R O T M Ö C H T E N S Z P L
K L L G Y M R A G G S Ö S K Q H Z Y X D U M G A
E G E S S E N M B E S T E L L E N M N E H M E N
N U N S Z N O R R N Q M H A U N I E G N U L I U
C I R O N N E U I T A K E Z G U I D O S T I N X
G Z A U B E R G H A B E N T A C M A R C E L L O

## Seite 63: Übung 19

Gast    Wir möchten bezahlen, bitte.
Kellner Ja, bitte. Was bezahlen Sie?
Gast    Ich bezahle **den** Kaffee, **das** Mineralwasser und **die** Glacen.
Kellner Gut, Sie bezahlen also **den** Kaffee, **das** Mineralwasser und **die** vier Glacen. Einen Moment bitte. Das macht zusammen 33 Franken 70.
Gast    Hier sind 50 Franken. Machen Sie 35 Franken.
Kellner Vielen Dank. Das sind noch 15 Franken zurück. Ich wünsche Ihnen noch einen schönen Tag.

## Seite 64: Übung L1

**der** Zoo    **das** Kino    **die** Musik

## Seite 64: Übung L2

**das** Inserat      **das** Foto
**die** Zeitung      **das** Handy
**der** Text         **der** Kaffee
**die** Information  **das** Telefon

Deutsch in der Schweiz A1

## Seite 65: Übung 1

1 das Wohnzimmer
2 die Küche
3 das Kinderzimmer
4 der Korridor
5 der Balkon
6 das Schlafzimmer
7 das Bad

## Seite 67: Übung 6

| | | |
|---|---|---|
| der Garten | → | **im** Garten |
| der Keller | → | **im** Keller |
| der Lift | → | **im** Lift |
| | | |
| das Wohnzimmer | → | **im** Wohnzimmer |
| das Kinderzimmer | → | **im** Kinderzimmer |
| das Schlafzimmer | → | **im** Schlafzimmer |
| das Treppenhaus | → | **im** Treppenhaus |
| | | |
| die Waschküche | → | **in der** Waschküche |
| die Garage | → | **in der** Garage |

**aber**

| | | |
|---|---|---|
| der Balkon | → | **auf dem** Balkon |

## Seite 68: Übung 8

**Antworten**

1 in Genf
2 seit fünf Jahren
3 nicht sehr gross (zweieinhalb Zimmer)
4 950 Franken im Monat
5 sehr zentral
6 hell und gemütlich
7 sehr klein
8 relativ klein

## Seite 68: Übung 9

Zur 2½-Zimmer-Wohnung von Astrid Koch passt der Grundriss Nummer **2**.

## Seite 69: Übung 11

| Verb | + | Nomen | | |
|---|---|---|---|---|
| wohnen | + | das Haus | → | das Wohnhaus |
| wohnen | + | der Ort | → | der Wohnort |
| waschen | + | die Maschine | → | die Waschmaschine |
| waschen | + | der Tag | → | der Waschtag |
| fernsehen | + | der Apparat | → | der Fernsehapparat |

| Nomen | + | Nomen | | |
|---|---|---|---|---|
| die Kinder | + | das Zimmer | → | das Kinderzimmer |
| die Gäste | + | das Zimmer | → | das Gästezimmer |
| der Keller | + | das Abteil | → | das Kellerabteil |
| der Estrich | + | das Abteil | → | das Estrichabteil |
| die Stadt | + | das Zentrum | → | das Stadtzentrum |
| die Wörter | + | das Buch | → | das Wörterbuch |
| der Kaffee | + | die Maschine | → | die Kaffeemaschine |
| der Brief | + | das Papier | → | das Briefpapier |
| das Video | + | die Kassette | → | die Videokassette |

## Seite 70: Übung 12

1 = e
2 = l
3 = d
4 = h
5 = i
6 = b
7 = k
8 = c
9 = g
10 = a
11 = f

## Seite 70: Übung 13

| | Stadt | Zim. | Mietzins | Ab wann? | Auskunft |
|---|---|---|---|---|---|
| 1 | Chur | 2½ | Fr. 1'050.– exl. NK | Ab sofort | Tel./Fax 081 353 89 26 |
| 2 | St. Gallen | 4½ | Fr. 1'350.– inkl. NK | | Tel. 071/461 17 12 |
| 3 | Basel | 1 | Fr. 705.– plus Fr. 85.– NK | Ab Januar | Telefon 061/272 13 23 |
| 4 | Luzern | 3½ | Fr. 1'390.– exkl. NK | Ab April | 041/342 16 00 |

## Seite 71: Übung 15

- ● Immo AG, Scala.
- ▶ Guten Tag, Frau Scala. Mein Name ist Pereira.
- ● Grüezi, Frau Pereira.
- ▶ Ich interessiere mich für die 2-Zimmer-Wohnung im Lorraine-Quartier in Bern. Ist die Wohnung noch frei?
- ● Es tut mir leid, die Wohnung ist schon vermietet.
- ▶ Schade!
- ● Wir inserieren nächsten Monat neue 2-Zimmer-Wohnungen. Möchten Sie dann noch einmal anrufen?
- ▶ Ja, gern, das mache ich. Vielen Dank für die Auskunft.
- ● Bitte, gern geschehen. Auf Wiederhören, Frau Pereira.
- ▶ Auf Wiederhören, Frau Scala.

## Seite 72: Übung 17

1 Personen   2 Zeit   3 Geografie   4 Geld

## Seite 75: Übung 1

**Freizeit**

| | |
|---|---|
| fernsehen | vorlesen |
| telefonieren | Tee trinken |
| einkaufen | Leute einladen |
| träumen | Zeitung lesen |
| eine CD hören | kochen |

**Arbeit**

| | |
|---|---|
| abtrocknen | aufräumen |
| einen Brief schreiben | staubsaugen |
| das Bett machen | ein Formular ausfüllen |
| bügeln | Abfallsäcke wegtragen |
| das WC putzen | Wäsche waschen |

## Seite 75: Übung 2

1 aufräumen
2 aufräumen
3 mithelfen
4 wegtragen

## Seite 76: Übung 3

|  | aufräumen |
|---|---|
| ich | räume auf |
| du | räumst auf |
| er | räumt auf |
| sie | räumt auf |
| wir | räumen auf |
| ihr | räumt auf |
| sie | räumen auf |
| Sie | räumen auf |

|  | fernsehen |
|---|---|
| ich | sehe fern |
| du | siehst fern |
| er | sieht fern |
| sie | sieht fern |
| wir | sehen fern |
| ihr | seht fern |
| sie | sehen fern |
| Sie | sehen fern |

## Seite 77: Übung 5

**Am Mittwochmorgen**
1 aufstehen
2 trinken/essen
3 machen/gehen
4 anfangen
5 aufhören

**Am Mittwochmittag**
1 gehen
2 einkaufen
3 essen

## Seite 77: Übung 6

**Am Mittwochnachmittag**
1 macht/lernt
2 ruft ... an
3 telefonieren

**Am Mittwochabend**
1 geht
2 liest/hört
3 ist/geht
4 schläft ... ein

## Seite 79: Übung 9

**Infinitiv**
machen
putzen
duschen
kaufen
kochen
hören
lernen
lachen
träumen
fragen

antworten
arbeiten
warten

**Infinitiv**
telefonieren
buchstabieren
korrigieren
besuchen
erzählen

einkaufen
abräumen
aufräumen
aufhören
ausfüllen

## Seite 80: Übung 10

Der Umzug mit euch zusammen **hat** Spass **gemacht**.
Ich **habe** mich bequem **eingerichtet** und die erste Nacht richtig gut **geschlafen**.

## Seite 80: Übung 11

**Satz 1**
Ilario hat am Samstag lange geschlafen.

**Satz 2**
Er ist um 9 Uhr aufgestanden.

**Satz 3**
Um 13 Uhr ist er mit dem Velo zum Sportzentrum gefahren.

**Satz 4**
Er hat dort seine Kollegen vom Handball-Club getroffen.

**Satz 5**
Am Abend hat er ferngesehen.

## Seite 81: Übung 12

| Infinitiv | Perfekt mit «sein» | | |
|---|---|---|---|
| fahren | ich | **bin** | nach Bern **gefahren** |
| gehen | du | **bist** | ins Kino **gegangen** |
| kommen | er | **ist** | heute in den Kurs **gekommen** |
| mitkommen | sie | **ist** | **mitgekommen** |
| passieren | es | **ist** | viel **passiert** |
| aufstehen | wir | **sind** | heute früh **aufgestanden** |
| einschlafen | ihr | **seid** | gestern spät **eingeschlafen** |
| bleiben | sie | **sind** | zu Hause **geblieben** |
| sein | Sie | **sind** | am See **gewesen** |

## Seite 81: Übung 13

1 bin/habe/habe/bin
2 bin/habe/haben
3 haben/habe/hat
4 sind/haben/haben

## Seite 82: Übung 14

**Infinitiv**
essen
lesen
sehen
waschen
schlafen

trinken
finden
helfen
nehmen
sprechen
treffen
schreiben

fahren
kommen
gehen

beginnen
vergessen
verstehen
verlieren

**Infinitiv**
fernsehen
anfangen
anrufen
mithelfen

umziehen
aufstehen
einschlafen

# Lösungen

## Seite 83: Übung 16

**Zu spät**
Ich **bin** um 10 nach 11 gekommen.
Du **bist** um Viertel nach 11 gekommen.
Er **ist** um halb 12 gekommen.
Und ihr?
**Seid** ihr auch zu spät gekommen?

**Alles in Ordnung**
Ich **habe** aufgeräumt.
Du **hast** aufgeräumt.
Sie **hat** aufgeräumt.
Und wer **hat** so ein Chaos gemacht?
Wer auch immer, jetzt ist alles wieder in Ordnung.

## Seite 85: Übung 1

**Getreideprodukte**
Mais, Reis, Nudeln, Vollkornbrot

**Milchprodukte**
Käse, Rahm, Joghurt, Milch

**Fleisch und Wurst**
Poulet, Bratwurst, Kotelett, Salami

**Getränke**
Fruchtsaft, Kaffee, Mineralwasser, Tee

**Früchte**
Bananen, Äpfel, Trauben, Orangen

**Gemüse**
Tomaten, Gurken, Karotten, Lauch

**Süssigkeiten und Snacks**
Kuchen, Schokolade, Salznüsse, Pommes-Chips

## Seite 85: Übung 2

| Singular | Plural |
|---|---|
| das Ei | die Eier |
| das Produkt | die Produkte |
| das Brot | die Brote |
| das Joghurt | die Joghurts |
| die Wurst | die Würste |
| das Poulet | die Poulets |
| der Cervelat | die Cervelats |
| das Getränk | die Getränke |

| Singular | Plural |
|---|---|
| der Saft | die Säfte |
| die Frucht | die Früchte |
| der Apfel | die Äpfel |
| die Traube | die Trauben |
| die Tomate | die Tomaten |
| die Karotte | die Karotten |
| der Snack | die Snacks |
| die Nuss | die Nüsse |

## Seite 86: Übung 3

**In der Einkaufstasche**
eine Flasche Mineralwasser
Mais
Bananen
Brot
Karotten

**Auf dem Tisch**
Kartoffeln
Käse
sechs Eier
Trauben
Tomaten
Portemonnaie

## Seite 88: Übung 7

**Zutaten**
2 = Kartoffeln
4 = Salz und Pfeffer
3 = Butter

**Küchengeräte**
5 = eine Röstiraffel
7 = eine Bratpfanne
6 = ein Küchenmesser
1 = einen Teller

## Seite 88: Übung 8

Bild A = Text 1
Bild B = Text 8
Bild C = Text 4
Bild D = Text 6
Bild E = Text 2
Bild F = Text 5
Bild G = Text 3
Bild H = Text 7

## Seite 89: Übung 9

1 Zuerst waschen Sie die Kartoffeln.
2 Dann kochen Sie die Kartoffeln mit der Schale in heissem Wasser, bis sie weich sind.
7 Dann geben Sie die Kartoffeln in die heisse Butter und verteilen sie gut.
4 Jetzt nehmen Sie die Röstiraffel und raffeln die Kartoffeln.
3 Sie lassen die Kartoffeln abkühlen. Dann schälen Sie die Kartoffeln.
5 Dann geben Sie etwas Salz und Pfeffer über die Kartoffeln.
6 Danach nehmen Sie die Bratpfanne und machen darin die Butter heiss.
8 Nach 15 bis 20 Minuten formen Sie die Kartoffeln in der Pfanne zu einer Rösti. Lassen Sie die Kartoffeln 10 bis 15 Minuten weiterbraten, bis sie unten goldbraun sind.
9 Danach wenden Sie die Rösti. Das machen Sie am besten so: Sie nehmen einen Teller, legen den Teller über die Pfanne und wenden die Pfanne zusammen mit der Rösti.
10 Jetzt geben Sie die Rösti wieder in die Pfanne. Nach etwa 5 bis 10 Minuten sind die Kartoffeln auch auf der anderen Seite goldbraun.

## Seite 90: Übung 12

1 Zehn Jahre hat Herr Immermüde nichts gemacht.
2 Er hat keinen Sport getrieben.
3 Er ist nie Velo gefahren.
4 Er ist nie schwimmen gegangen.
5 Er hat kein Krafttraining gemacht.
6 Er hat auch keine Gymnastik gemacht.
7 Aber gestern war plötzlich alles anders!

## Seite 91: Übung 14

**Die Prinzessin**
A = das Haar
F = der Mund
D = die Nase
H = der Hals
B = die Stirn
E = die Backe
G = das Kinn
C = das Auge

**Der König**
1 = das Haar
2 = die Stirn
3 = das Auge
4 = die Backe
5 = die Nase
6 = der Mund
7 = das Kinn

## Seite 92: Übung 15

Zum Bild passt der Wetterbericht Nr. 2.

## Seite 92: Übung 16

Dialog 1 = Bild B
Dialog 2 = Bild D
Dialog 3 = Bild A
Dialog 4 = Bild C

## Seite 95: Übung 1

Kann ich vielleicht etwas für **S**ie tun?

**«Per du» (informell)**
1 Wie geht es dir heute?
2 Geht es dir nicht so gut?
3 Hast du schlecht geschlafen?
4 Kann ich etwas für dich tun?
5 Warst du schon beim Arzt?

**«Per Sie» (formell)**
6 Wie geht es Ihnen heute?
7 Was fehlt Ihnen denn?
8 Haben Sie Kopfschmerzen?
9 Haben Sie schlecht geschlafen?
10 Kann ich etwas für Sie tun?

## Seite 96: Übung 5

**Was passt zusammen?**
1 passt zu E.
2 passt zu A.
3 passt zu B.
4 passt zu F.
5 passt zu C.
6 passt zu D.

## Seite 98: Übung 10

144 Ambulanz (Sanität)
118 Feuerwehr (Brand, Explosionsgefahr)
145 Vergiftung
117 Polizei (Verkehrsunfall, Verbrechen)
143 Grosse Probleme (grosse Traurigkeit)

## Seite 99: Übung 12

3 **Wo?**
Wo ist der Patient? (Ort, Strasse, Hausnummer)
5 **Wann?**
Wann ist es passiert? (genaue Uhrzeit)
1 **Wer?**
Wer ruft an? (Name und Telefonnummer)
4 **Wie?**
Wie geht es dem Patienten?
2 **Was?**
Was ist passiert? (kurze Beschreibung)
6 **Bereits etwas gemacht?**
Was haben Sie schon gemacht?

## Seite 100: Übung 13

1 Hausärztin
2 Krankheiten
3 Sprechstunde
4 Konsultation
5 Wartezimmer
6 fehlt
7 Medikamente
8 Krankheitsgeschichte

## Seite 101: Übung 15

**Das erzählt Frau Fanconi ihrem Mann**
«Ich **soll** ein paar Tage zu Hause **bleiben**.»
«Ich **soll** am Morgen und am Abend eine Salbe **einreiben**.»
«Ich **soll** mit Thymiantee oder Nasibol **inhalieren**.»
«Ich **soll** jeden Tag drei mal zehn Hustentropfen **nehmen**.»
«Ich **soll** in zehn Tagen zur Kontrolle **kommen**.»

## Seite 101: Übung 16

| | | | |
|---|---|---|---|
| ich | **soll** | wir | **sollen** |
| du | **sollst** | ihr | **sollt** |
| er | | sie | **sollen** |
| es | **soll** | | |
| sie | | Sie | **sollen** |

## Seite 102: Übung 17

1 erkältet sein
2 Fieber messen
3 weh tun
4 Schmerzen haben
5 zum Arzt gehen
6 ein Formular ausfüllen
7 Fragen stellen
8 ein Rezept schreiben
9 die Tropfen 3-mal täglich nehmen
10 die Salbe einreiben
11 Tabletten 3-mal täglich nehmen
12 im Bett bleiben

## Seite 102: Übung 19

▶ Guten Tag. Kann ich Ihnen helfen?
● Ja, gern. Ich habe hier ein Rezept von Frau Dr. Kunz.
▶ Einen Moment bitte. Ich hole die Medikamente gleich.
 – So, hier sind die Hustentropfen und die Salbe.
● Danke. Was kosten die Medikamente?
▶ Sie müssen sie nicht jetzt bezahlen. Wir schicken die Rechnung an die Krankenkasse. Haben sie den Krankenkassenausweis bei sich?
● Ja, ich habe ihn dabei. Bitte, hier ist er.
▶ In den nächsten Tagen bekommen Sie die Rechnung von der Krankenkasse: 10% von den Kosten müssen sie selber bezahlen, den Rest bezahlt die Krankenkasse.
● Das ist gut so, danke.
▶ Bitte, gern geschehen. Auf Wiedersehen, Frau Fanconi.

## Seite 103: Übung 20

1 Das Rechnungstotal ist CHF 375.70.
2 Ja, es gibt einen Einzahlungsschein.
3 Frau Fanconi muss den Rechnungsbetrag einzahlen. Sie bekommt das Geld aber von der Krankenkasse zurück.
4 Sie muss den Rückforderungsbeleg an ihre Krankenkasse schicken.